Eugenio Montale (1996).

EUGENIO MONTALE
Criatividade Poética
e Psicanálise

Copyright ©2001 Marisa Pelella Mélega

Direitos reservados à
ATELIÊ EDITORIAL
Rua Manoel Pereira Leite, 15
06709-280 - Granja Viana - Cotia - São Paulo - SP - Brasil
Telefax: (0xx11) 4612-9666

Printed in Brazil
Foi feito depósito legal

Marisa Pelella Mélega

EUGENIO MONTALE
Criatividade Poética
e Psicanálise

Ateliê Editorial

Telefoni per ricordarmi
D'aver detto che il Nobel
Dev'essere rifiutato, perché
Non sempre è dato al migliore.
Forgive me, lo accetto per paura [...]

I riconoscimenti giungono
Sempre in ritardo, quando sembra
Inutile anche un titolo ambito –

Il tempo degli eventi
È diverso dal nostro.

EUGENIO MONTALE, *Diário Póstumo,* 1996.
Composto por ocasião do recebimento
do Prêmio Nobel de Literatura, em 1975.

Sumário

Introdução 13

1. *Por que Montale?* 17
   Limoni 20
   Limões 22

2. *Montale: Poeta, Escritor, Jornalista, Tradutor, Crítico, Cidadão* 27

3. *A Criatividade Poética e a Concepção de Poesia: Montale crítico de si mesmo* 47
   Felicità Raggiunta 50
   Felicidade Ganha 51
   Bagni di Lucca 52
   Banhos de Lucca 53

4. *A Poesia de Montale como Objeto de Crítica:*
   Considerações Metacríticas 65
   Avrei voluto sentirmi scabro ed essenziale 68
   Queria ter-me sentido áspero 69
   Potessi almeno costringere 70
   Pudesse ao menos fixar 71
   Il Balcone 72
   O Balcão 72
   Brina sui vetri 74
   Geada nos vidros 75
   Verso Vienna 80
   Para Viena 80
   Meriggiare pallido e assorto 82
   Meridiar palido o absordo 83
   Portami il girasole 84
   Traga-me o girassol 84
   Derelitte sul poggio 88
   Desvalidas na Encosta 84
   Dissipa tu se lo vuoi 89
   Dissipa tu se o queres 95
   Godi se il vento ch'entra nel pomario 97
   Goza se o vento que entra no pomar 97
   Tentava la vostra mano la tastiera 101
   Tentaram vossas mãos o teclado 101
   Casa sul mare 106
   Casa sobre o mar 107

5. *A Criatividade Vista pela Psicanálise* 111

6. *Entre o Sonho e a Poesia: Concepções Poéticas
e Imagens Oníricas em Montale* 127
   Cigola la carrucola del pozzo 127
   Rilha a roldana do poço 128
   Non recidere, forbice, quel volto 130
   Não corte, tesoura, aquele vulto 130
   Il ramarro, se scocca 131
   O Lagarto, se espouca 132
   Due nel crepuscolo 134
   Dois no crepúsculo 135

Fontes dos Poemas 139

Bibliografia 141

Introdução

Partimos de uma hipótese, suscitada pela leitura, durante o período do nosso Mestrado, da poesia e da prosa de Eugenio Montale, de que a visão da experiência emocional e da criatividade na psicanálise atual se aproxima da de Montale. Buscamos então aprofundar o conhecimento de sua obra e da crítica de sua poética. Um ponto que contribuiu muito para a nossa investigação foi o de ter encontrado em inúmeras entrevistas, seus próprios pensamentos sobre a poesia e a criatividade, uma abordagem metapoética.

No Capítulo 1 falamos do impacto que tivemos à leitura da poesia de Montale e como surgiu a proposta de relacionar sua poética com certas tendências da psicanálise contemporânea.

No Capítulo 2 tentamos organizar um texto que falasse principalmente do autor, quando possível por ele mesmo, pondo em relevo suas várias manifestações: de poeta, cidadão, escritor, jornalista, crítico e tradutor.

No Capítulo 3 nos dedicamos ao estudo da criatividade poética e da concepção de poesia, principalmente de nosso poeta. Destacamos, a título de síntese, que para Montale, quem cria é o Eu-transcendental, que se revela por uma súbita iluminação que rompe o quotidiano e figura uma verdade, um significado que, por sua vez, o Eu individual poderá transformar em poesia. Montale parte de uma experiência real, afirma não inventar nada, mas descobre a poesia que há nas coisas. Como tivemos ocasião de exemplificar durante o capítulo, a criação passa a ser a transformação do real em simbólico que, para Montale, começa sem que ele esteja ciente do processo.

No Capítulo 4, nos detivemos em alguns textos críticos que pensamos poderem ser representativos da visão crítica da poesia de Montale. A análise de Maryse Meynaud, de forte cunho antropológico, detém-se nos arquétipos e na "objetologia" montaliana. Rosario Assunto define a poesia de Montale como simbólica, diferenciando-a do simbolismo. Marco Villoresi propõe como temas críticos a poesia entre a falência e o milagre, e o "tu" em Montale. Alberto Casadei aborda um aspecto da representação do tempo montaliano: o estado do sem-tempo, o quotidiano, a imobilidade, o tempo linear, e o homem imerso no tempo, no vir-a-ser. Fizemos também algumas considerações metacríticas durante esse capítulo.

No Capítulo 5, introduzimos alguns aportes teóricos sobre a criatividade através do referencial psicanalítico, preparação para o capítulo seguinte. Destacamos a existência de um processo onírico contínuo na mente, que de dia se faz presente por *flashes*, imagens visuais não relacionadas aparentemente com o intercâmbio verbal imediato, e de noite se configura em sonhos.

No Capítulo 6, estudamos alguns poemas de Montale buscando verificar nossa hipótese da relação entre o estado de mente poético e o estado de mente onírico.

Os poemas de Montale nos surpreendem e maravilham por transmitir uma compreensão profunda da vida psíquica e de seus dramas mais universais, como: a passagem do tempo, a finitude da vida, a angústia da separação, o desejo de fusão oposto ao de individuação e outros. Há nele uma agudeza particular em perceber que o momento da experiência emocional e da criação não é o do tempo cronológico, histórico, do começo, meio e fim. É, sim, um momento que corresponde a um campo de experiências em que tempo e espaço são regidos pelas leis da fantasia inconsciente.

É surpreendente, no meu entender, Montale vislumbrar o Eu-transcendental como o criador, concepção que está muito próxima daquela psicanalítica, que vê os objetos internos do mundo dos indivíduos como os que criam, enquanto o *self* – ou Eu-individual –, é o que "faz o texto", transforma as imagens oníricas em linguagem, em texto poético.

Por fim, o poeta nos deixa uma incógnita ao dizer, por um lado, que busca ir além do quotidiano e que aguarda ser visitado pela poesia – para ele única forma de conhecimento –, e por outro, que a arte é uma forma de vida de quem não vive, é uma compensação: "Vissi al cinque per cento, non aumentate / la dose..."

1

Por que Montale?

Por que Montale para estudar a criatividade? Uma incursão nos domínios da criação poderia ser realizada através da obra de qualquer poeta. No entanto, nosso interesse estava dirigido não apenas à concepção de poesia, mas em verificar como os poemas de Montale poderiam fornecer elementos para estudar a germinação e o nascimento de estados de mente[1] transformados em linguagem poética a partir de experiências emocionais.

Montale transmite imagens visuais de um mundo que é movimento e fala próximas às da fantasia inconsciente[2].

1. *Estado de mente*: termo comumente usado em psicanálise para designar configurações de estados emocionais.
2. *Fantasia inconsciente*: é a representação mental do instinto, segundo Klein. Laplanche e Pontalis se referem a fantasias originárias, *primal phantasies*, que são estruturas típicas que a psicanálise descobre como organizando a vida da fantasia, sejam quais forem as experiências pessoais dos sujeitos; segundo Freud é um patrimônio transmitido filogeneticamente.

A Casa Natal de Eugenio Montale em Corso Dogali, 5.

I Limoni (OS)

Ascoltami, i poeti laureati
si muovono soltanto fra le piante
dai nomi poco usati: bossi ligustri o acanti.
Io, per me, amo le strade che riescono agli erbosi
fossi dove in pozzanghere
mezzo seccate agguantano i ragazzi
qualche sparuta anguilla:
le viuzze che seguono i ciglioni,
discendono tra i ciuffi delle canne
e mettono negli orti, tra gli alberi dei limoni.

Meglio se le gazzarre degli uccelli
si spengono inghiottite dall'azzurro:
più chiaro si ascolta il sussurro
dei rami amici nell'aria che quasi non si muove,
e i sensi di quest'odore
che non sa staccarsi da terra
e piove in petto una dolcezza inquieta.
Qui delle divertite passioni
per miracolo tace la guerra,
qui tocca anche a noi poveri la nostra parte di [ricchezza]
ed è l'odore dei limoni.

Vedi, in questi silenzi in cui le cose
s'abbandonano e sembrano vicine
a tradire il loro ultimo segreto,
talora ci si aspetta
di scoprire uno sbaglio di Natura,

il punto morto del mondo, l'anello che non tiene,
il filo da disbrogliare che finalmente ci metta
nel mezzo di una verità.
Lo sguardo fruga d'intorno,
la mente indaga accorda disunisce
nel profumo che dilaga
quando il giorno più languisce.
Sono i silenzi in cui si vede
in ogni ombra umana che si allontana
qualche disturbata Divinità.

Ma l'illusione manca e ci riporta il tempo
nelle città rumorose dove l'azzurro si mostra
soltanto a pezzi, in alto, tra le cimase.
La pioggia stanca la terra, di poi; s'affolta
il tedio dell'inverno sulle case,
la luce si fa avara – amara l'anima.
Quando un giorno da un malchiuso portone
tra gli alberi di una corte
ci si mostrano i gialli dei limoni;
e il gelo del cuore si sfa,
e in petto ci scrosciano
le loro canzoni
le trombe d'oro della solarità.

Os limões

Ouve, os poetas laureados
movem-se apenas entre plantas
de nomes pouco usados: buxo ligustro ou acanto.
Eu, por mim, amo os caminhos que me levam aos herbosos
fossos onde nas poças
já meio secas agarram
os meninos esquálidas enguias:
as veredas que seguem pelas bordas,
descem por entre os tufos de caniços
e dão nas hortas, entre os pés dos limões.

Melhor se as algazarras dos pássaros
se apagam engolidas pelo azul:
mais claro ouve-se o sussurro
dos amigos ramos no ar que mal se move,
e os sensos deste cheiro
que não sabe desgarrar-se da terra
e chove no peito uma doçura inquieta.
Aqui das combalidas paixões
cala por milagre a guerra,
aqui cabe a nós pobres também nosso quinhão de riqueza
e é o cheiro dos limões.

Vê, nesses silêncios em que as coisas
se entregam e parecem prestes
a trair seu último segredo,
é a hora em que se espera
descobrir um erro de nascença,

o ponto morto do mundo, o elo que não prende,
o fio a desembaraçar que finalmente nos ponha
no meio de uma verdade.
O olhar busca ao redor,
a mente indaga conjuga desacorda
no perfume que inunda
enquanto o dia mais esmorece.
São os silêncios em que se vê
em cada sombra humana que se afasta
alguma perturbada Divindade.

Mas a ilusão se desfaz e o tempo nos devolve
às cidades ruidosas onde o azul se mostra
só aos pedaços, no alto, entre as cimalhas.
A chuva cansa a terra depois; adensa-se
o tédio do inverno sobre as casas,
a luz torna-se avara – amarga a alma.
Quando um dia de um mal cerrado portão
entre as árvores de um pátio
nos surge o amarelo dos limões;
e o gelo no coração desfaz-se,
e no peito despejam
suas canções
as trompas d'ouro da solaridade.

O impacto inicial dessa experiência de leitura levou-me a prosseguir no conhecimento de sua obra. Aprendi que Montale tinha pensado muito sobre poesia e sobre como é possível fazer poesia, chegando a realizar uma metapoesia. A reflexão que o autor faz sobre sua própria obra facilitou meu caminho de investigação, pois, de outro modo, poderia contar apenas com a crítica literária.

Não foi difícil colher características da poética montaliana à medida que avançava na leitura de sua obra. A pregnância da paisagem de sua infância na Liguria parece ter sido sua primeira apreensão, sua primeira "presa", absorvido pela presença do mar, em *Ossi di Seppia* (1928). Mais tarde, já morando em Florença, confessou que as clássicas arquiteturas das colinas toscanas eram para ele movimento de fuga, em outras palavras, ele via o mar em todo lugar. Nesta sua primeira produção, *Ossi di Seppia*, o clima emocional transborda e se esparrama pela natureza lígure, quando ele se sente fortemente derrotado pela palavra que ele julga não conter nem simbolizar seus estados de mente.

Seu apego aos objetos, testemunhas de eventos que ele transformou em versos, é outro aspecto do seu estilo. Muito se escreveu sobre essa forma de criação que ele vê como decorrência de não saber inventar e ter que partir da realidade[3]. Parece-nos uma estratégia do poeta para "ancorar" a expressão de seu estado emocional.

Le Occasioni (1939) pertence ao período em que o poeta, já mais maduro, mostra maior continência de emo-

---

3. E. Montale, "Monologhi e Colloqui", *Montale – Il Secondo Mestiere – Arte Musica Società*, Milão, Mondadori, 1996, p. 1482.

ções, expressando-as através dos objetos a fim de fixar seus estados emocionais, para transformá-los em significados-símbolos.

Montale busca expressar a "essência das coisas", o que está além dos olhos, dos ouvidos, do sensório, do cotidiano. E que nós entendemos estar na realidade psíquica e, por vislumbres, pode ser agarrada e expressa, embora com limitações, em linguagem verbal.

A súbita iluminação, a inspiração, a transfiguração, que têm sido consideradas por tanto tempo marcas da criação poética, seriam, para nós, o momento do nascimento do estado de mente poético[4]. Os poetas queixam-se da palavra, instrumento necessário à construção poética, mas restritivo. No entanto, se a construção poética produz imagens visuais, auditivas, tácteis no leitor, não é prova de que a palavra teria alcançado o principal de seus intentos?

Esse trabalho se propõe mostrar como a concepção de Montale acerca da condição humana e da criatividade, expressa em palavras, se aproxima, em vários pontos, da psicanálise atual, de acordo com os pressupostos de Wilfred Bion e Donald Meltzer. Estes autores situam a emoção no centro da experiência humana, ponto de par-

4. *Estado de mente poético*: é o nome que a autora propõe para uma determinada configuração mental em que há uma criação de formas simbólicas vindas de experiências emocionais do poeta, formas que sofrem transformações até chegar às palavras que se constituem em poema.

tida para a transformação em formas simbólicas e pensamento verbal, através de um processo contínuo (noite e dia) da vida mental, denominado processo onírico.

A análise textual de alguns poemas de *Ossi di Seppia*, de *Le Occasioni* e *La Bufera e Altro*, possibilitaram-me um acompanhamento diacrônico da criatividade de Montale e da sua expressão em diferentes períodos de sua obra, dentro de uma perspectiva psicanalítica.

Esse trabalho pretende mostrar: *a*) o homem Montale, seu modo de pensar e suas concepções; *b*) os conceitos do poeta acerca da criatividade poética e da poesia; *c*) a poesia de Montale como objeto da crítica; *d*) a criatividade vista pela psicanálise; *e*) concepções poéticas e imagens oníricas na poesia montaliana: entre o sonho e a poesia.

2

MONTALE: POETA, ESCRITOR, JORNALISTA, TRADUTOR, CRÍTICO, CIDADÃO

Eugenio Montale (1896-1981) nasceu em Gênova, Itália, de família burguesa; o pai tinha uma empresa de importação de produtos químicos e ele era o último de cinco filhos e revelou desde cedo dificuldade de adaptação ao mundo que o circundava. Não realizou estudos universitários, formou-se como contador mas, orientado pela irmã (professora) e por si mesmo – freqüentando, em Gênova, a Biblioteca Berio, a Sociedade de Leituras e Conversações Científicas na Praça Fontane Marose, e a Biblioteca Universitária – adquiriu vasta cultura humanística e lingüística.

Montale surgiu no mundo literário primeiramente como poeta. A coletânea *Ossi di Seppia*, publicada em 1925, reúne poemas que vinha compondo desde os vinte e dois anos. Dois de seus *Leitmotive* dessa época são: a inquietude psicológica diante da vida sentida como estranha e indiferente e a palavra percebida como inútil. "Tendo sentido desde o nascimento uma total desarmo-

Monterosso – *Le Cinque Terre*

nia com a realidade que me circundava, a matéria de minha inspiração, só poderia ser a da desarmonia"[1].

O sucesso de *Ossi di Seppia*, que em três anos chegou a três edições, inseriu-o no mundo literário. Mudou-se para Florença, colaborando em várias revistas com artigos e resenhas. Em 1929, é nomeado diretor do gabinete Vieusseux (Biblioteca Pública), cargo que exerceu até 1938, quando foi demitido por não pertencer ao partido fascista. Começa, nesta época, sua atividade de tradutor. No final de 1939, publica *Le Occasioni* em Turim e, em 1943, *Finisterre*, de *La Bufera e Altro*, na Suíça. Desde 1946, colabora, ainda em Florença, com o *Corriere della Sera*. Em 1948, como redator do mencionado jornal, transfere-se para Milão, onde vive até o final da sua vida. Em 1956, publica a coletânea completa de *La Bufera e Altro* e um livro de contos: *La Farfalla di Dinard*. Em 1971, os poemas de *Satura*. Recebeu inúmeros prêmios e condecorações em vida: em 1975 foi agraciado com o Prêmio Nobel de Literatura e recebeu o título de senador vitalício, que levou-o à atuação política.

Ao perguntarem a Montale sua opinião sobre o Parlamento, ele respondeu:

1. Avendo sentito fin dalla nascita una totale disarmonia con la realtá che mi circondava, la materia della mia ispirazione non poteva essere che quella disarmonia ("Interviste con se Stessi", em "Monologhi e Colloqui", *op. cit.*, p. 1591).

Digamos a verdade: o que talvez mais conte na vida: a filosofia, o livre pensar, a religião, a arte, o dissenso, a objeção de consciência, que são valores que nenhuma lei poderá nunca aprisionar. Há toda uma vida não sujeita a leis que os órgãos legisladores não poderão nunca prever e controlar. Mas nem por isso não devemos dar crédito a muitos homens valentes que com indubitável sacrifício e honestidade pessoal desenvolvem um trabalho legislativo tal que resulta a cada ano numa verdadeira biblioteca[2].

Em 1971, respondendo a "As Grandes Perguntas sobre a Fé", Montale afirmou que Deus é desconhecido, da mesma forma que a vida o é para o homem, o qual medita sobre a natureza, o sentido da vida e o porquê de sua existência. Cada um fala com um Deus criado por si próprio, como se Deus existisse de fato.

Montale entende a vida dentro das dimensões de tempo e espaço, sem as quais nada é imaginável, nem a morte.

2. "Diciamo la verità: forse quel che più conta nella vita: la filosofia, il pensiero libero, la religione, l'arte, il dissenso, l'obbiezione di conscienza che sono valori che nessuna legge saprà mai imprigionare. C'è tutta una vita eslege che gli organi legislatori non potranno mai prevedere e controllare. Ma non per questo si deve togliere credito ai molti valentuomini che con indubbio sacrifizio e onestà personale svolgono un lavoro legislativo tale da formare, ogni anno, una vera biblioteca" (E. Montale, "Inchieste 1969", *Il Secondo Mestiere*, Milano, Mondadori, 1996, p. 1568).

Nós estamos aprisionados no tempo. O dia em que não habitarmos esta dimensão, perde significado também o conceito de morte[3].

O desaparecimento do homem com sua morte é sua saída do tempo e do espaço[4].

Para Montale, as religiões ajudam o homem a vencer o terror da solidão com a esperança de que a vida tenha um sentido. Viver honesta e decentemente é a recompensa em vida, e o inferno, a condenação, é cair na desordem e na dor. Pecado é fazer o que a consciência condena: temos um juiz dentro de nós, não precisamos buscá-lo fora, afirma Montale.

Em "Confessioni di Scrittori"[5], ao falar de sua experiência entre as duas guerras mundiais, Montale declara:

O argumento de minha poesia, e acredito de qualquer possível poesia, é a condição humana e não este ou aquele acontecimento histórico. Isto não significa alienar-se do que se passa no mundo;

3. "Noi siamo imprigionati nel tempo. Il giorno in cui non abitiamo questa dimensione, perde significato anche il concetto di morte" (E. Montale – "Inchieste 1971", *Il Secondo Mestiere*, op. cit., p. 1573).
4. "La scomparsa dell'uomo con la morte è la sua uscita dal tempo e dallo spazio" *(Idem)*.
5. E. Montale, "Confessioni di scrittori" (Interviste con se stessi), "Monologhi e Colloqui", op. cit., pp. 1591-92.

significa somente ter consciência e vontade de não confundir o essencial com o transitório. Não fui indiferente ao que aconteceu nos últimos trinta anos: mas não posso dizer que se os fatos tivessem sido diversos minha poesia teria tido uma face totalmente diversa. Um artista traz consigo uma particular atitude diante da vida e uma certa atitude formal para interpretá-la segundo esquemas que lhe são próprios. Os acontecimentos externos são de certo modo previstos pelo artista; mas no momento que se tornam realidade, deixam de ser interessantes. Entre estes acontecimentos que ouso chamar de externos houve o fascismo, para um italiano de minha geração. Eu não fui fascista e não cantei o fascismo; nem escrevi poesias em que aquela pseudo-revolução fosse hostilizada. Certamente teria sido impossível publicar poesias hostis ao regime de então; mas o fato é que não teria tentado nem se o risco tivesse sido mínimo ou nulo[6].

E mais adiante:

Não nego que o fascismo e depois a guerra, e mais tarde a guerra civil, tornaram-me infeliz; mas existiam em mim razões de infelicidade que iam muito além e para fora desses fenômenos. Acredito tratar-se de uma inadaptação, de um *maladjustement* psi-

6. "L'argomento della mia poesia (e credo di ogni possibile poesia) è la condizione umana in sé considerata; non questo o quell'avvenimento storico. Ciò non significa estraniarsi da quanto avviene nel mondo; significa solo coscienza, e volontà, di non scambiare l'essenziale col transitorio. Non sono stato indifferente a quanto è accaduto negli ultimi trent'anni; ma non posso dire che se i fatti fossero stati diversi anche la mia poesia avrebbe avuto un volto totalmente diverso. Un artista porta in sé un particolare atteggiamento di fronte alla vita e una certa

cológico e moral que é próprio de todas as naturezas de fundo introspectivo, de todas as naturezas poéticas. [...] Como poeta, logo senti que o combate acontecia em outro fronte, no qual pouco contavam os grandes acontecimentos que estavam ocorrendo. A hipótese de uma sociedade futura, melhor que a presente, não é de se desprezar, mas é uma hipótese econômico-política que não autoriza ilações de ordem estética, a não ser que se torne mito.

Estou disposto a trabalhar por um mundo melhor, sempre trabalhei nessa direção e acredito até que trabalhar nesse sentido seja um dever primário de todo homem digno de ser chamado com esse nome. Mas creio também que não é possível fazer previsões acerca do lugar que a arte vai ocupar numa sociedade melhor que a nossa[7].

Em "Interviste 1971", à pergunta: "Todos neste mundo, após certo número de anos de experiência, têm

attitudine formale a interpretarla secondo schemi che gli sono propri. Gli avvenimenti esterni sono sempre piú o meno preveduti dall'artista, ma nel momento in cui essi avvengono cessano, in qualche modo, di essere interessanti. Fra questi avvenimenti che oso dire esterni c'è stato, e preminente per un italiano della mia generazione, il fascismo. Io non sono stato fascista e non ho cantato il fascismo; ma neppure ho scritto poesie in cui quella pseudo-rivoluzione apparisse osteggiata. Certo, sarebbe stato impossibile pubblicare poesie ostili al regime d'allora; ma il fatto è che non mi sarei provato neppure se il rischio fosse stato minimo o nullo."

7. "Non nego che il fascismo dapprima, la guerra piú tardi e la guerra civile piú tardi ancora mi abbiano reso infelice: tuttavia esistevano in me ragioni di infelicitá che andavano molto al di là a al di fuori di questi fenomeni. Ritengo si tratti di un inadattamento, di un *maladjustement* psicologico e morale che è proprio a tutte le nature a

a sensação de ter entendido muitas coisas. Talvez tudo. Existem coisas que o senhor não entendeu?". Montale responde:

> Eu não entendi nada de nada. Mas essa constatação tem uma face positiva, pois pelo menos não vou cair nas armadilhas de quem acredita ter entendido. Nós não sabemos absolutamente nada de nós mesmos. E os cientistas, os verdadeiros cientistas, que são poucos, sabem disto muito bem. [...] Eu acredito que os homens têm alguns deveres, algumas responsabilidades que lhes são ditadas por um sentimento moral. E creio que esse sentimento possa sobreviver aos transformismos religiosos e filosóficos. É tudo o que eu sei[8].

Montale fala das transformações que estão ocorrendo no século XX, apontando alguns tabus que estão ca-

> sfondo introspettivo, cioè a tutte le nature poetiche. [...] Come poeta ho sentito subito che il combattimento avveniva su un altro fronte nel quale poco contavano i grossi avvenimenti che si stavano svolgendo. L'ipotesi di una società futura migliore della presente non è punto disprezzabile, ma è un'ipotesi economico-politica che non autorizza illazioni d'ordine estetico, se non inquanto diventi mito. Sono disposto a lavorare per un mondo migliore, ho sempre lavorato in questo senso; credo persino che lavorare in questo senso sia il dovere primario di ogni uomo degno del nome uomo. Ma credo altresì che non sono possibili previsioni sul posto che occuperá l'arte in una società migliore della nostra" (E. Montale, "Confessioni di Scrittori", *op.cit.*, p. 1592).

8. "Io non ho capito nulla di nulla. Ma già questa costatazione ha un risvolto positivo. Perlomeno, non cadrò nelle trappole che mi tendono quelli che credono di aver capito. Noi non sappiamo assolutamente nulla di noi stessi. E gli scienziati, che sono relativamente pochi, lo

indo (1971): o pudor e o moralismo, o que para ele é um fator positivo. A maturação do indivíduo deve ocorrer naturalmente, não como hoje, quando os homens se tornam vítimas do progresso acelerado, se tornam "polli di allevamento" [frangos de granja].

Certas coisas precisam ser conquistadas, não podem ser doadas. Dizer a um jovem que ele é livre faz pouco sentido. Ele é quem deve conquistar a liberdade. Esta, quando concedida, parece esvaziar o significado de liberdade. É preciso que a humanidade se convença de que deve buscar a harmonia com a natureza, e não destruí-la.

Ele diz que o futuro "está nas mãos da Providência", que o "artista é um homem necessitado", não tem livre escolha e, nesse campo, mais do que nos outros, há efetivo determinismo:

> Eu segui a estrada que meus tempos me impunham. Amanhã outros seguirão caminhos diversos; eu mesmo posso mudar. Escrevi sempre como um pobre diabo e não como um homem de letras ou um profissional. Não tenho a auto-suficiência intelectual que

---

sanno benissimo. [...] Io credo che l'uomo abbia dei doveri, delle responsabilità, che gli sono dettati da un sentimento morale. E credo che questo sentimento possa sopravvivere ai trasformismi religiosi e filosofici. Ma è tutto" (E. Montale, em "Monologhi e Colloqui", *op. cit.*, p. 1709).

alguém possa me atribuir, nem me sinto investido de uma missão importante. Eu tive o sentido da cultura de hoje, mas nem sombra da cultura que teria desejado e com a qual provavelmente não teria jamais escrito um verso. Ao entregar à editora meus primeiros poemas, durante um tempo tive um sentimento de vergonha, agora falo disso com indiferença. Talvez teria sido ruim não escrevê-los e não publicá-los. Vivi o meu tempo com o mínimo de velhacaria, consentido às minhas pequenas forças, mas há quem fez mais, muito mais, mesmo que não tenha publicado livros[9].

A prosa de Montale, especialmente *La Farfalla di Dinard*, considerada prosa de invenção, tem estreita relação com sua poesia. Martelli[10] demonstrou que grande parte de "Di un Natale Metropolitano", poema que consta em *La Bufera e Altro*, encontra-se no conto

9. Ho seguito la via che i miei tempi m'imponevano, domani altri seguiranno vie diverse; io stesso posso mutare. Ho scritto sempre da povero diavolo e non da uomo di lettere professionale. Non posseggo l'autosufficienza intellettualistica che qualcuno potrebbe attribuirmi né mi sento investito di una missione importante. Ho avuto il senso della cultura d'oggi, ma neppur l'ombra della cultura che avrei desiderato, e con la quale probabilmente non avrei mai scritto un verso. Quando detti alle stampe le mie prime poesie me ne vergognai per un pezzo, ora posso parlarne quasi con indifferenza. Forse avrei fatto male a non scriverle e a non farle conoscere. Ho vissuto il mio tempo col *minimum* di vigliaccheria ch'era consentito alle mie deboli forze, ma c'è chi ha fatto di più, molto di più, anche se non ha pubblicato libri (E. Montale, "Monologhi e Colloqui", *op. cit.*, p. 1484).

10. M. Martelli, *Eugenio Montale*, Florença, Le Monnier, 1992, p. 158.

"Honey". Para Cesare Segre, o conto "Sosta ad Edimburgo" é a versão em prosa de "Vento sulla Mezzaluna", mostrando o que o poeta retira da prosa e transfere à poesia ou vice-versa.

Em *Auto da Fé*, outro livro de Montale, ele escreve na primeira página:

> Um Auto da Fé (ato de fé ou melhor da fé) é, para mim, esta coletânea de escritos publicados em dois tempos separados por um longo intervalo. Naturalmente, o tempo cronológico nem sempre coincide com o tempo psicológico. E é por isso que um ensaio de 1956 está na primeira parte e alguns trechos de 1946-47 têm uma função de fecho. Quanto ao título, se o leitor quiser entendê-lo na acepção mais conhecida, saiba que estou de acordo, porque desfazendo-me dessas crônicas, tenho a impressão de jogá-las na fogueira e libertar-me delas para sempre[11].

O título "Auto da Fé", explica Martelli, é uma expressão que vem do espanhol significando Ato de Fé, a

11. "Un auto da fé (atto di fede o meglio 'della fede') è per me la presente raccolta di scritti pubblicati in due tempi diversi e separati da un lungo intervallo. Naturalmente, il tempo cronologico non sempre coincide col tempo psicologico. E così è potuto accadere che un saggio del '56 sia entrato nella prima parte; mentre restano in una collocazione intermedia, e hanno funzione di cerniera, pochi brani del '46-'47.
E quanto al titolo: se il lettore volesse intenderlo nell'accezione più nota, sappia che io sono d'accordo con lui perché licenziando queste cronache ho l'impressione di buttarle nel fuoco e di liberarmene per sempre" (E. Montale, *Auto da Fé*, Milão, Mondadori, 1995).

proclamação solene da sentença emitida por um juiz inquisidor. Com o tempo a expressão passou a indicar a sua execução à fogueira, na qual o herege era queimado.

Os dois significados estão presentes no título: o ato de fé na validade das idéias expostas e mantidas e a fogueira na qual é queimado o que o autor escreve dia após dia para um jornal (no caso, *Il Corriere della Sera*). Dois significados opostos que convivem ambiguamente em Montale. *Auto da Fé*, afirma Martelli, apresenta um acervo de reflexões políticas, filosóficas, religiosas e estéticas da cultura de Montale. Sua época desfila diante de nós através de eventos culturais que estimularam a atenção e a reflexão do autor. Entre os aspectos mais inquietantes da sociedade contemporânea, alguns temas são tratados insistentemente por Montale, como a arte de consumo, prenunciando a pós-modernidade. Montale parece hostil ao seu tempo ou até refratário a qualquer novidade, embora demonstre grande interesse pelos acontecimentos da época.

Em "Soliloquio", Montale, após denúncia dos valores deteriorados de nossa época, acrescenta:

> Porém, apesar de tudo isso, não queria parecer-me com os tolos bajuladores do passado, que encontro a cada passo e que formam, eles também, uma notável seção da indústria de falsas idéias. De que posso lamentar-me? Consegui viver sem lustrar os sapatos de nenhum tirano; expressei às vezes opiniões heterodoxas e não

terminei na fogueira; vi a ascensão, a altos níveis da vida pública, de criminosos idiotas e não me faltou o prazer de ver alguns – não todos – rolar de seus assentos; vi grandes conquistas do pensamento humano: prodigiosas mas talvez mais estúpidas de quanto se acredita; encontrei até heróis ignaros de sua condição e santos não registrados por nenhuma anágrafe religiosa; vi desaparecerem muitas misérias e muitas chagas, mas também consolidarem-se muitas formas de servidão coletiva; e pareceu-me descobrir uma só lei geral: cada ganho, cada avanço do homem é equilibrado por perdas em outra direção, tornando invariável a soma total de cada possível felicidade humana. Mas considerando isso tudo: por que deveria eu ser infeliz por viver num tempo que matou tantas superstições insensatas e que ainda agora (e não sei até quando) permite-me escrever sem receber ordens do alto? Claro que fica em aberto o problema de matar as novas superstições, não menos funestas das antigas e sobretudo aquela segundo a qual o homem pode transumanar-se aceitando ser a simples parte – uma mínima parte – da engrenagem mecânica universal. A luta contra uma semelhante monstruosidade terá que empenhar muitas gerações e temos que pensar que também o monstro pode vencer a partida. Apenas se tivesse certeza da derrota poderia aceitar que meu nome fizesse parte da agourenta da fileira dos pessimistas por *parti pris*[12].

12. "Eppure, malgrado tutto questo non vorrei confondermi con i balordi laudatori del passato che incontro ad ogni passo e che formano, anch'essi, una notevole sezione dell'industria delle false idee. Di che cosa posso lamentarmi? Sono riuscito a vivere a lungo senza lustrare le scarpe a nessun tiranno; ho espresso talvolta opinioni eterodosse senza finire su un braciere ardente; ho visto ascendere ai fastigi della vita pubblica criminosi idioti e non mi è mancato il piacere di vederne alcuni – non tutti! – ruzzolare dai loro seggi (piacere temperato dagli

O bem e o mal estão permanentemente em equilíbrio na balança. No artigo "Sul Filo della Corrente", Martelli aponta uma das passagens mais profundas de *Auto da Fé*:

Sim, eu amo a idade em que nasci porque prefiro viver sobre o fio da corrente elétrica do que vegetar no pântano de uma idade sem tempo: aquela que, certamente por nosso erro, parece ter sido a idade dos nossos antepassados. Prefiro viver numa idade que conhece suas chagas a viver na época em que as chagas eram cobertas

orrori che hanno reso possibile questo evento); ho visto attuarsi grandi conquiste del pensiero umano: prodigiose, ma forse più stupide di quanto si creda; ho incontrato persino eroi inconsapevoli di esserlo e santi non registrati da nessuna anagrafe religiosa; ho visto scomparire molte miserie e molte piaghe, ma anche consolidarsi molte forme di servilismo collettivo; e mi è parso di scoprire una sola legge generale: ogni guadagno, ogni avanzamento dell'uomo è pareggiato da equivalenti perdite in altre direzioni, restando invariato il totale di ogni possibile felicità umana. Ma tutto considerato: perché dovrei essere infelice di vivere in un tempo che ha ucciso tante stolte superstizioni e che ancora (non so fino a quando) mi permette di scrivere senza ricevere ordini dall'alto, o dal basso? Certo, resta aperto il problema di uccidere le nuove superstizioni, non meno funeste delle antiche: e sopratutto quella che l'uomo possa trasumanarsi accettando di essere la semplice parte – una minima parte – dell'universale ingranaggio meccanico. La lotta contro una simile mostruosità dovrà impegnare molte generazioni e non è detto che il mostro non possa vincere la partita. Solo se fossi certo della disfatta finale potrei accettare di iscrivermi nella malaugurante schiera dei pessimisti per partito preso" (E. Montale, *Auto da Fé*, *op. cit.*, pp. 157-158).

pelas vendas da hipocrisia. Depois de tudo e sem negar os infinitos embustes que nos submergem, tem-se a impressão de que, hoje, os homens abriram os olhos como nunca dantes, nem no tempo de Péricles. Mas seus olhos abertos ainda nada vêem. Talvez seja preciso esperar longamente mas, para mim e para todos nós, os vivos, o tempo vai se encurtando[13].

Montale exerceu também crítica literária ao longo de sua vida, em artigos publicados em jornais e revistas, prefácios, resenhas, conferências. Um dos seus célebres trabalhos foi editado, em 1976 por Giorgio Zampa, sob o título *Dialogo con Montale: Sulla Poesia*, obra que foi consultada muitas vezes nessa dissertação. Entretanto como foi dito, ele surgiu primeiramente como poeta. Sua inquietude psicológica, que aparece em *Ossi di Seppia*, é, depois, expressa também em prosa e em poesia. Desde o início, Montale se pergunta que possibilidade tem

---

13. "Ebbene, io amo l'età in cui sono nato perché preferisco vivere sul filo della corrente anziché vegetare nella palude di un'età senza tempo: quella che, certo per nostro errore, ci appare l'età dei nostri antenati. Preferisco vivere in un'età che conosce le sue piaghe piuttosto che nella sterminata stagione in cui le piaghe erano coperte dalle bende dell'ipocrisia. Dopo tutto, e senza negare le infinite imposture che ci sommergono, si ha l'impressione che oggi gli uomini abbiano aperto gli occhi come non mai prima, neppure nel tempo di Pericle. Ma i loro occhi aperti ancora non vedono nulla. Forse si dovrà attendere, a lungo, e per me e per tutti noi vivi, il tempo si fa corto" (M. Martelli, *op. cit.*, p. 161).

a palavra, com sua convencionalidade, de atingir o verdadeiro, a expressão absoluta, representar a vida em sua imediata autenticidade. Para ele, é impossível a poesia tornar-se a representação da vida em sua autenticidade. Para Martelli, Montale é filósofo e poeta pois, durante toda sua vida, perguntou-se: "Como é possível fazer poesia?", realizando dessa forma uma metapoesia. Para Montale, a vida é um incessante fluir de acontecimentos que se refletem por uma fração de segundo no espelho da nossa consciência imediata, com ausência completa de contornos precisos – como um fluxo de sentimentos, emoções, idéias que se sobrepõem, se misturam e se confundem: a vida é uma infinidade de "fatos" que nascem e morrem sem trégua e, para nascerem uns, não é preciso que morram outros. A vida é a cada instante um magma de elementos indiferenciados; no presente imediato vai entrando o futuro, que se torna, por sua vez, presente; ao presente se une – evocado pela memória – o passado e, freqüentemente, o passado mais remoto.

Assim sendo, qual a possibilidade de o diálogo lógico e racional refletir o caos da experiência vivida? Pode a palavra que enquadra um só conceito abstrato aderir ao real não apreensível e multiforme? "Non chiederci la parola che squadri da ogni lato/l'anima nostra informe" ("Não nos peça a palavra que esquadre de cada lado/a alma nossa informe").

A vida é um *continuum*, a palavra é um arbitrário corte feito naquele momento e tudo o que conseguimos é falar de um fóssil, de um momento que já passou. Em outros termos, a palavra, para exprimir a vida, tem que matá-la, reduzi-la a objeto inorgânico. E, como a palavra é o único ato da nossa consciência, nunca poderemos ter a consciência da vida em sua autenticidade, apenas um simulacro.

Montale aponta para o paradoxo entre a vida, que é sujeita às circunstâncias temporais, nascimento e morte, e é infinita, mas não imortal; e a palavra, que, para que a vida sobreviva, corta-a em segmentos, imobiliza-a, e, de certo modo, mata-a.

Montale propõe pensar a condição humana na qual se vive e se morre constantemente, em dois planos: o primeiro, imerso no tempo e, por isso, sujeito à morte, não apenas do corpo, mas, sobretudo, de cada momento; o segundo, o da memória, reflexão, linguagem, em que o homem vive no eterno.

O homem é ao mesmo tempo "Vir a Ser – quando imerso no tempo" continua Martelli – e *Ser* – como Ser racional e falante – dois aspectos que não se harmonizam entre si. Conciliar o "Ser" e o "Vir a Ser" seria uma obra divina. Ao homem cabe perguntar-se a todo instante o que deste pulsar da vida pode permanecer, guardado no frio estilo da palavra, que memoriza, na arte que piedosamente deseja salvar o vivente, que de outro modo estaria destinado à extinção.

A vida, em sua autenticidade, corresponde ao que nós homens somos efetivamente e que não podemos saber com exatidão. As qualidades correspondem àquelas com as quais Deus foi considerado pelo pensamento místico: não podemos ter uma idéia adequada da nossa vida nem de Deus; não podemos concebê-lo nem formar dele uma imagem real porque é impossível conter o infinito no finito do conceito e da palavra. Apenas conseguimos falar das experiências dizendo o que não são e não o que são!

Non domandarci la formula che mondi possa aprirti,
sì qualche storta sillaba e secca come un ramo.
Codesto solo oggi possiamo dirti
ciò che non siamo, ciò che non vogliamo.

Não nos perguntes a fórmula que mundos possa abrir-te,
sim alguma sílaba torta e seca como um ramo.
Somente isto hoje podemos dizer-te:
o que não somos, o que não desejamos.

Montale afirma que a poesia é feita, pelo menos em parte, de palavras; é uma arte que não pode renunciar a seu conteúdo conceptual: em outros termos, a poesia funda-se no discurso lógico e, desse modo, que possibilidades tem o poeta de representar o verdadeiro? No momento em que, com atenção mais aguda, colhe aspectos da vida e, depois, expressa suas sensações no papel, transformando-as em palavras fragmentadas, em um poema, não estará matando tais aspectos?

Montale viveu intensamente esse drama: vivenciar a vida e, ao tentar conhecê-la, falir no seu intento, e sofrer o sentimento de impotência ao tentar transformar em palavras aspectos vitais que o tocaram profundamente.

3

A Criatividade Poética e a Concepção de Poesia: Montale Crítico de si Mesmo

*Io non vado alla ricerca della poesia,
aspetto di esserne visitato.*
E. Montale

Montale, ao entender a poesia como arte que não pode renunciar ao conteúdo conceitual, fundamentada num discurso lógico, pergunta-se: Que possibilidades tem o poeta de representar o real?

Ele exige de si próprio, enquanto poeta, a um só tempo colher aspectos da vida, invisíveis ao olho comum, e transformá-los em poesia. E mostra sua angústia frente à impossibilidade de levar adiante e concluir o legado que lhe foi dado: a vida batendo à sua porta, e ele apenas conseguindo transformar essa experiência em "palavras que mais lhe parecem matar a vida".

O impasse, para Montale, é representar o real. A palavra, para expressar a vida, deve, entretanto, matá-la, reduzi-la a um objeto inorgânico.

Em "Intervista Immaginaria"[1] Montale deu-se conta de algo que não percebera, quando de seu ato criativo: ter obedecido à necessidade de expressão musical. Queria que a sua palavra fosse mais "aderente" que a de outros poetas. Sentia estar vivendo dentro de uma redoma e, ao mesmo tempo, estar perto de algo essencial:

> Um fino véu, um fio separava-me do *quid* definitivo. A expressão absoluta teria sido a ruptura daquele véu, daquele fio, uma explosão, fim do engano do mundo como representação. Mas esse era um limite inalcançável. Minha vontade de aderência permaneceu musical, instintiva, não programada. À eloqüência da nossa velha língua áulica queria torcer o pescoço, mesmo arriscando uma contra-eloqüência[2].

Montale temia que o dualismo, entre o poema realizado e o impulso poético persistisse gravemente dentro dele. Pensava em uma poesia pura como um fruto que deveria conter seus motivos sem revelá-los, ou me-

---

1. E. Montale, "Monologhi e Colloqui", *op. cit.*
2. "Un velo sottile, un filo appena mi separava dal *quid* definitivo. L'espressione assoluta sarebbe stata la rottura di quel velo, di quel filo: una esplosione, la fine dell'inganno del mondo come rappresentazione. Ma questo era un limite irraggiungibile. E la mia volontà di aderenza restava musicale, istintiva, non programmatica. All'eloquenza della nostra vecchia lingua aulica volevo torcere il collo, magari a rischio di una controeloquenza" (E. Montale, "Monologhi e Colloqui", *op. cit.*, p. 1480).

lhor, sem referir-se a estes abertamente. Admitindo que na arte existe um equilíbrio entre o fora e o dentro, entre o momento de iluminação, o impulso-criador e a obra-objeto, é preciso expressar o objeto e silenciar o impulso. Montale talvez quisesse deslocar sua experiência psíquica para um objeto que levasse o leitor a uma experiência semelhante à dele.

Já em *Le Occasioni*, Montale mostra ter esperança na possibilidade de uma relação, de uma comunicação entre a vida e a palavra. A palavra poética agora deforma, distorce a vida na "eternidade do instante", mas o poeta espera que ela não disperse, não destroce totalmente a vida. Na palavra poética mutilada e balbuciante Montale lê uma mensagem que lhe chega das "remotas distâncias da vida autêntica". O tempo agora é o delimitado e finito das estruturas poéticas. As palavras parecem lampejos ou *barlumi*, algo que permanece em nossa memória. Na memória que se faz poesia.

Le Occasioni é o momento do máximo distanciamento da vida cotidiana e dos eventos do seu tempo, mas não se trata de hermetismo[3], como alguns interpretam. Montale recusa o hermetismo, o culto à palavra que, esvaziada de todo conteúdo lógico, sirva apenas para

---

3. *Hermetismo*: tendência literária contemporânea, que coagula em fórmulas analógicas e simbólicas independentes, o contato dramático do escritor com a realidade.

evocar, com o seu som ou cor, um mundo misterioso e concretamente incognoscível. Ao contrário, ele reafirma sua fé nos valores da racionalidade, num esforço por conciliar tradição e inovação.

No entanto Montale parece-nos não valorizar seus momentos poéticos como tais, que, para ele, são momentos em que mais dolorosamente se percebe a impossibilidade de uma expressão absoluta; para ele o sofrimento da vida consiste em, próximo a agarrar o "segredo do mundo", tocá-lo e, em seguida, perdê-lo. Em "Felicità Raggiunta", a felicidade consiste em alcançar a poesia.

FELICITÀ RAGGIUNTA

Felicità raggiunta, si cammina
per te sul fil di lama.
Agli occhi sei barlume che vacilla,
al piede, teso ghiaccio che s'incrina;
e dunque non ti tocchi chi più t'ama.

Se giungi sulle anime invase
di tristezza e le schiari, il tuo mattino
è dolce e turbatore come i nidi delle cimase.
Ma nulla paga il pianto del bambino
a cui fugge il pallone tra le case.

Felicidade Ganha

Felicidade ganha, anda-se
por ti num fio de lâmina.
Aos olhos és vislumbre que vacila,
ao pé, duro gelo que se trinca;
e então não te toque quem te ama.

Se chegas às almas invadidas
de tristeza e as clareias, tua manhã
é doce e inquietante como os ninhos das cimalhas[4].
Mas nada paga o pranto do menino
a quem foge o balão por entre as casas.

Montale vai percebendo que o dom da revelação poética se perde num instante, e deriva para a prosa. Os versos "Ma nulla paga il pianto del bambino / a cui fugge il pallone tra le case" são uma alegoria dessa falência. Os objetos poéticos emergem por um momento do cinza, do cotidiano, mas afundam logo no nada, freqüentemente, sem que tenha sido possível pará-los (nomeá-los) para apropriar-se deles: "È nato e morto, e non ha avuto un nome" ("Vasca"). ["Nasceu e morreu, e não teve um nome"].

Em "Intenzioni" (1946), Montale fala de dois componentes: o momento reflexivo ou descritivo (a prosa) e o momento definitivo ou assertivo (a poesia). *Le*

---

4. Ou cimácios: moldura que remata uma cornija.

Occasioni podem ser definidas como "a poesia do objeto", o qual aparece em primeiro plano. Em *Ossi di Seppia*, a representação do objeto surge de uma fase preparatória para evocar o estado de ânimo do poeta, e deste emerge o objeto por um instante, mergulhando depois no nada. Em *Le Occasioni* a fase preparatória mantém-se quase inteiramente calada e o leitor pode chegar ao estado de ânimo do poeta somente através das indicações que os objetos lhe fornecem (o modo pelo qual são descritos, o significado simbólico do qual estão carregados etc.). Encontramos um bom exemplo no poema "Bagni di Lucca", que, por sorte, tem duas variantes na primeira edição que esclarecem o tipo de transformação realizada por Montale para objetivar o sentimento, o estado de ânimo no objeto.

Bagni di Lucca

Fra il tonfo dei marroni
e il gemito del torrente
che uniscono i loro suoni
èsita il cuore.

Precoce inverno che borea
abbrividisce. M'affaccio
sul ciglio che scioglie l'albore
del giorno nel ghiaccio.

Marmi, rameggi
  e ad uno scrollo giù
foglie a èlice, a freccia,
nel fossato.

Passa l'ultima greggia nella nebbia
del suo fiato.

(Varianti)
  e tu
gioventù a capofitto

l'ultimo uomo

BANHOS DE LUCCA

Entre a queda das castanhas
e o gemer da torrente
que confluem suas manhas
hesita o coração.

Precoce inverno que o bóreas
estremece. Debruço-me
na borda que dissolve a alvura
do dia no gelo.

Escoras, mármores
e num meneio caem
folhas em hélice, em flecha
no fosso.

Passa o último grei na névoa
de seu sopro.

(Variantes)
  e tu
juventude de cabeça
para baixo

o último homem

Segundo Dante Isella[5] temos neste poema uma paisagem, um pálido clarão difuso, gelo e mármores, uma repentina queda de folhas, "em hélice, em flecha". É a imagem resumida da última *greggia*, do último rebanho que passa na neblina de seu respiro. Isella aproxima tais elementos a um poema dos *Ossi di Seppia*[6]: "Spesso il male di vivere ho incontrato: / era il rivo strozzato che gorgoglia, / era l'incartocciarsi della foglia / riarsa,..." ["Amiúde o mal de viver encontrei: / era o riacho estreitado que gorgola, / era o enrolar-se da folha / seca,..."]. Mas aqui o texto está limpo, nítido, o sentimento está absorvido nas coisas: o coração que hesita perplexo entre os sons concordes dos frutos que caem das castanheiras e o "gemido da torrente" que obedece ao ritmo em sístole – diástole das leis do universo. O poeta é somente um observador participante. Temos duas variantes da primeira edição (*"e tu / juventude de cabeça para baixo / no fosso. / Passa o último homen / de seu sopro"*) que mostram justamente a transformação em objetos que evocariam o estado de ânimo do poeta.

A imagem – o momento assertivo – triunfa em *Le Occasioni* sobre as dúvidas e se afirma em momentos de graça que se tornam mais freqüentes quanto menos

---

5. D. Isella, *Le Occasioni di Eugenio Montale*, Turim, Enaudi, 1996, p. 27.
6. "Spesso il male di vivere ho incontrato".

Montale comenta as sensações de dúvida, como fazia em *Ossi di Seppia*. Essa mudança de estilo corresponde a uma mudança de concepção filosófica, afirma Martelli. Em *Ossi di Seppia* o objeto era sentido como ilusório e efêmero, em *Le Occasioni*, é sentido em sua riqueza de significado e, portanto, de certeza. A vida consegue de algum modo encarnar-se na palavra poética e o poeta agora é tido como o único a conhecer a vida, se bem que imperfeitamente. Tal conhecimento vem de uma busca de estilo que precede a aquisição filosófica. Desde a segunda edição de *Ossi di Seppia* (1928), há em Montale maior insistência na representação dos objetos, diz Martelli. O poeta sente-se mais atraído pelos momentos "assertivos" ou de definição, momentos que em *Ossi di Seppia* eram interpretados como momentos falidos, "vida estrangulada", como escreve no poema "Arsenio".

Montale parece ter sido influenciado pela teoria do "correlativo objetivo", formulada por T. S. Eliot em 1919 ("Hamlet And His Problems", *The Sacred Word*, p. 100):

> O único modo de expressar uma emoção em forma de arte consiste em encontrar um "correlativo objetivo": em outras palavras, uma série de objetos, uma situação, uma cadeia de eventos que irão constituir a fórmula daquela emoção particular; assim, quando forem fornecidos os fatos externos, que devem concluir-se em uma experiência sensorial, a emoção poderá ser imediatamente evocada.

Le Occasioni é uma espessa paisagem de imagens de coisas concretas que não são senão "a objetivação dos sentimentos do poeta", comenta Pannella (*apud* Martelli, *op. cit.*).

Eduardo Sanguineti acrescenta que, em *Le Occasioni*, Montale "esconde o sentimento lírico atrás dos objetos". A espacialidade predomina sobre a temporalidade[7].

Se *Ossi di Seppia* constitui a experiência terrena de Montale, *Le Occasioni* representa sua experiência "metafísica".

Se, em *Ossi di Seppia*, Montale vê a poesia como um *quid* inalcançável, em *Le Occasioni* ela se torna uma realidade, mesmo que de ordem metafísica. A vida da arte é colocada em um plano superior à da vida prática e natural. Existiria uma relação entre a riqueza da vida e a luz da poesia? Montale conclui em *Le Occasioni* que a verdadeira realidade é a das idéias, não a da vida imediata. Constatamos através desta sua afirmação que o poeta mantém uma nítida discriminação entre a realidade psíquica (a vida das idéias) e a sensorial (a vida imediata).

Em *La Bufera e Altro*, sua coletânea seguinte, Montale descreve seu distanciamento até o abandono total de Clizia[8], após uma de suas últimas aparições.

---

7. E. Sanguineti, *Tra Liberty e Crepuscolarismo*, Milão, Mursia, 1963, pp. 17-39.
8. De acordo com Montale, Clizia é uma alusão a uma das mulheres que conheceu. Trata-se de Irma Brandeis.

Clizia, alegoria em mulher da musa inspiradora, da "visitação da poesia", nasceu em *Le Occasioni*.

Segundo o mito (Ovídio, *Metamorfoses*), uma das ninfas oceânicas, amada por Apolo e depois abandonada, continuou enamorada do deus-Sol a ponto de virar-se em sua direção todas as horas do dia, até que, consumida pela fome e pela dor, foi transformada em girassol. Clizia olha constantemente para o sol, símbolo de Deus, e através dela o poeta atinge o divino.

Em *La Bufera e Altro* insinua-se, além disto, um elemento dramático e violento, e a poesia, como que, adere mais à realidade: arte e realidade agora juntas numa síntese de suas duas primeiras tendências que apareceram em *Ossi de Seppia* e *Le Occasioni*. Em "Finisterre", primeira parte de *La Bufera e Altro,* testemunha a explosão da guerra, que surge como dramático sinal do qual é impossível isolar-se totalmente e permanecer no mundo do espírito e da arte. A poesia de Montale passa a ser diacrônica, propondo uma visão de desenvolvimento e mutação. Clizia, na metade deste livro, é substituída por uma raposa.

A primeira produção poética de Montale tem para nós o vigor e a paixão de um adolescente em desacordo com o mundo que o circunda, buscando, à sua maneira, "ser num mundo adulto", mundo cujas determinações e modelos o poeta recusa. Montale mantém-se fiel ao seu "chamado interno", não abdica de seguir o canto da musa e paga, inicialmente, o preço de todo artista por permanecer à margem das tendências de seu grupo. Mas o artista não está sozinho, em nosso entender, pois vive em intenso movimento com seus objetos internos[9], "ocupados em criar", conforme será visto mais adiante.

Na conferência de 1952, "La Solitudine dell'Artista"[10], Montale afirma que o homem se comunica através do Eu-transcendental, que é uma lâmpada iluminando brevemente um estreito percurso diante de nós, uma luz que nos leva a uma condição além de nós mesmos, além da experiência humana, que nos leva à experiência artística. Enquanto que o Eu-individual é efêmero, e querer torná-lo não fenomênico para que se comunique é contrário à condição humana.

O Eu-transcendental é, para Montale a instância que cria. Esta concepção se aproxima daquela da psica-

9. *Objeto interno:* conceito de Melanie Klein que se diferencia do de *representação*, descrita pelos freudianos. O objeto interno refere-se a uma experiência de um objeto real fisicamente presente dentro do Ego, sentido como fisicamente situado dentro do corpo e usualmente identificado com uma parte deste. Ex.: um nó na garganta, uma experiência na qual um pensamento concreto desse tipo se insinua à percepção consciente. As representações e imagens são conteúdos mentais a que falta esse senso de concretude, exatamente como um símbolo é reconhecido como sendo um objeto que representa algo e não é confundido com a coisa que representa.
10. R. Assunto, "Per una Teoria della Poesia di Montale", *Omaggio a Montale,* org. Silvio Ramat, Milão, Mondadori, 1966.

nálise atual: são os objetos internos que criam (o Eu-transcendental de Montale) e não o Ego (a que o poeta se refere ao nomeá-lo de Eu-individual).

Em carta a Glauco Cambon, Montale afirma: "A transferência do real ao simbólico e vice-versa acontece sem que eu esteja ciente. Eu parto sempre do real, não sei inventar nada"[11].

O artista precisa se isolar para buscar a expressão de seus estados de mente criativos que ele sente como "surgindo", como "aparecendo de repente", sem controle, sem programação e não por um ato de vontade. Num segundo tempo, e no caso do poeta, para a elaboração do "produto poético" ou do objeto artístico, até que chegue à forma de poema, aí sim concorre a consciência e o ato de vontade, algo como a elaboração secundária[12] do sonho, segundo a teoria freudiana.

O primeiro Montale quer expressar momentos de intensa emoção e beleza sem as perdas que a transformação em palavras impõe. No indivíduo comum, tais momentos se iniciam por um registro sensorial da experiência (olhos, ouvidos etc.) e emocional, portanto subje-

---

11."Sulla Poesia", "Monologhi e Colloqui", *op. cit.*, p. 1487.
12. *Elaboração secundária*: remodelação do sonho destinada a apresentá-lo sob forma de uma história relativamente coerente e compreensível (Laplanche e Pontalis, *Vocabulário de Psicanálise*, São Paulo, Martins Fontes, 1997).

tivo. Vai se acrescentando a esse repertório – à medida que o desenvolvimento cognitivo e emocional e o crescimento da mente simbólica[13] ocorrem – a verbalização e a sofisticação. A palavra e a frase no homem comum podem corresponder à elaboração da experiência emocional sob forma de sintoma, de alegoria, ou mesmo de símbolo, formas essas que são uma transformação da experiência emocional vivida. Em se tratando da produção do artista, a transformação que ocorre é muito mais sutil, é a transformação dos aspectos mais íntimos da condição humana, com características universais. Tais formas têm a condição de se comunicar com representações internas do leitor.

Se o que ocorreu com Montale durante sua criação poética é percebido ou não pelo leitor fica em aberto: vamos examinar aqui o que o próprio poeta diz.

Para Montale, a poesia deveria ser uma transformação em palavras dos aspectos da vida que passam ignorados ao olho comum, e das emoções que os acompanham. Em sua primeira concepção de poesia, ele sente a impossibilidade de representar o real no contínuo da vida, pois a palavra realiza um corte arbitrário da vivência que ele tem, reduzindo-a a um objeto inorgânico incompleto,

---

13. *Mente simbólica*: Bion descreveu a protomente, a mente das realizações automáticas, não simbólicas, diferente da mente simbólica, a mente que cresce com os significados, os símbolos e os pensamentos.

incapaz de expressão pela limitação conceptual que a palavra impõe. Montale canta essa impossibilidade em *Ossi di Seppia*: ele está carregado de emoção, que transborda em seus versos, que ele sente falhos por não conseguir transformar a emoção em poesia. E investe contra a linguagem verbal, que sente ser insuficiente e até inadequada para seus propósitos.

A angústia do poeta é não sentir-se capaz de transformar todos os aspectos de sua experiência emocional em poesia, sem que haja perda de conteúdo e de intensidade. É como sentir-se emocionado diante da beleza de uma cena, de uma imagem, de um pôr-do-sol, por exemplo, e constatar que, por mais que se fale e se descreva, não se consegue representar tal experiência, transformando-a em palavras.

Mais adiante Montale se reconcilia com a palavra que pode representar algo da autenticidade da vida, ainda que mutilada e balbuciante, como um *barlume*, uma centelha que ilumina.

Para Giovanni Pascoli – diz Elena Salibra[14] –, a criação poética é um componente não racional da alma humana. É um raio, uma iluminação que aparece de repente na escuridão da psique, o que Platão denomina,

---

14. E. Salibra, em entrevista por nós realizada com a docente de Literatura Italiana da Universidade de Pisa, em junho de 1999.

nos *Diálogos*, de "entusiasmo". Os poetas cantam movidos não pela "sofia", não pelo racional, mas seguindo um componente irracional da alma humana, ligado à dimensão lúdica e que está na raiz do brincar da criança. Pascoli afirma que o poeta não inventa nada, mas descobre a poesia que há nas coisas, um sopro divino que vivifica a realidade.

Para a psicanálise, a experiência emocional do indivíduo em contato com a vida pode ser elaborada e transformada em significados, que podem se articular em "pensamentos novos" ou formas novas. Se a personalidade desenvolveu sensibilidade, percepção, para os fenômenos psíquicos e não apenas os sensoriais, a qualquer momento podem acontecer experiências emocionais, próprias da vida que é um *continuum*. Tais experiências ou vivências, segundo Montale, ao se encontrarem com a "fantasia criadora", fazem surgir poemas, não como um ato de vontade, consciente, mas como uma visitação: "Io non vado alla ricerca della poesia, aspetto di esserne visitato" ("Eu não vou em busca da poesia – espero ser por ela visitado"), diz ele.

O ato de vontade, no entanto, é necessário no momento da transformação em linguagem verbal, em palavras, do poema. Pascoli em "Il Lampo" e "Il Tuono"[15], por exemplo, procura colher o momento, a imagem cria-

---

15. Giovanni Pascoli, *Poesia*, Milão, Mondadori, 1974, 3 vols.

tiva, a imagem onírica, "o relâmpago da visão interior, a tempestade da criação até à catarse da concepção"[16].

Conjecturamos que a inspiração poética é um complexo processo que se inicia com uma experiência sensorial e emocional, que ao sofrer transformação simbólica, através do processo onírico[17], surge sob forma de um estado de mente criativo; num segundo tempo, acontece a elaboração do produto derivado do estado de mente criativo em objeto artístico, em poema.

No homem comum, o processo se inicia com uma experiência sensorial e emocional que precisa ser elaborada em símbolos pelo mundo onírico, fazendo surgir estados de mente criativos no sentido lato da criatividade primária, que são os pensamentos capazes de dar significado à experiência vivida e alimentam a capacidade de pensar. Diferente das do homem comum, as criações do poeta implicam um componente estético e uma universalidade que as tornam poemas.

---

16. E. Salibra, *op. cit.*
17. O *processo onírico*, na psicanálise atual, descreve um processo no qual se pensa sobre as experiências emocionais. Considera-se o sonho como um pensamento inconsciente que busca a solução de problemas e conflitos emocionais. Trata-se de uma nova teoria dos sonhos que se apóia firmemente na utilização clínica que Freud fez, mas que ao mesmo tempo deriva de um modelo de mente estrutural-fenomenológico e

Do ponto de vista psicanalítico, pelo qual nos pautamos, a criação poética ou qualquer expressão artística não é considerada invenção, enquanto produto apenas da imaginação, mas fruto do interjogo do evento externo com a realidade psíquica, fenômeno este, em parte inconsciente e que o talento pode trazer à consciência para que ela o elabore em objeto artístico.

não topográfico-neurofisiológico (Freud). Esta nova teoria 1) resolve o problema epistemológico da evidência da vida onírica e do processo onírico em curso; 2) considera os sonhos como uma forma de pensamento inconsciente equivalente às ações e o brincar das crianças pequenas; 3) propõe uma teoria da atividade simbólica que situa os sonhos no núcleo do processo de pensar acerca do significado de nossas experiências emocionais (D. Meltzer, *Vida Onírica*, Madrid, Tecnopublicaciones,1984, pp. 55 e 95).

4

A Poesia de Montale como Objeto de Crítica. Considerações Metacríticas

Montale almeja representar o real através da poesia. Mas o que é o real para Montale? Maryse Meynaud vê essa posição como paradoxal, porque ele está fascinado por uma realidade que não pára de perscrutar e, ao mesmo tempo, sente-se em total desarmonia com ela. Os olhos bem abertos, diz ela, do homem racional, leigo, se contrapõem aos de Montale, enquanto também homem temeroso dos mistérios e que delega aos objetos, mesmo julgando-os iníquos, a totalidade de seu discurso! Montale explica "non só inventare nulla", deixando implícita sua falta de imaginação, enquanto Meynaud julga que o poeta tem imaginação até demais, por não parar um só instante de pensar e dar significados através de imagens: "para pensar, Montale precisa ver, a imagem vem antes de tudo e constitui sua zona matriz da idéia"[1].

1. M. Meynaud, "Oggetti e archetipi nella poesia di Eugenio Montale – Dagli *Ossi di Seppia* a *La Bufera*", em *La Poesia di Eugenio Montale*, org. de Sergio Campailla e Cesare Goffis, Florença Le Monnier, , 1984, pp. 27-28.

É discutível que pensar por imagens signifique ter imaginação. É discutível também interpretar a afirmação do poeta: "Parto sempre dal vero, non só inventare nulla", como equivalente a não ter imaginação. Parece haver uma escolha do poeta, em polemizar a tradição de um discurso da época, abstrato e falido, e assim renovar-se, partindo do real, usando sua capacidade de colher o momento emocional e transformá-lo em símbolo. Ao vivenciar aspectos da vida "invisíveis a olho nu", mas percebidos em seu significado essencial pela sua sensibilidade, transforma-os em palavras por sua fantasia criadora. Ou, como diríamos em psicanálise, a percepção dos significados de uma vivência configura um texto estético chamado poema. Embora Montale alcance esse resultado, sente-o aquém do que espera.

Montale – a propósito – teve como sua primeira expressão artística o canto, que por diversas razões não levou adiante. Essa referência continuou sendo para ele a máxima via de expressão, a "via régia", parafraseando Freud, da expressão poética, que ele sente cabendo a custo na palavra (falada e escrita), ocorrendo sempre uma grande perda ao sofrer essa transformação, configurando-se até certa incomunicabilidade: "Non chiederci la parola [...]". A palavra, para expressar a vida, deve matá-la ou vivê-la através da memória, numa "imobilidade conceitual". Pensamos também em outra "imobilidade": o interlocutor da palavra escrita está distante, não tem face, não vemos sua resposta, nem o retorno de nosso "investimento expressivo". Montale[2] queria que sua palavra não apenas penetrasse no público interlocutor, mas esperava para ela uma resposta visível. A imagem da redoma talvez corresponda à distância entre a vivência interna e sua incapacidade de expressá-la para compartilhá-la, o que ele na verdade conseguiu.

Na relação cantor-público a distância diminui e até deixa de existir em alguns momentos de catarse. Montale denuncia que a linguagem (falada e escrita) não consegue transmitir toda a emoção vivida, enquanto o canto e a dança são os veículos mais expressivos das emoções, o que coincide com o pensamento de Susanne Langer[3].

O canto do mar, por outro lado, é voz suprema, dotada de musicalidade, voz mítica dos longínquos verões da infância do poeta. O mar como interlocutor, destinatário de seu discurso poético, seu "balbo parlare" [balbuciante] – "Antico, sono ubriacato dalla tua voce ch'esce dalle bocche [...]" ["Antigo, estou embriagado pela sua voz que sei das bocas..."].

A tentativa de sintonia com o "respiro", com o "fermento" e com a voz, com o canto do mar está presente nas poesias de *Mediterraneo,* diz Villoresi[4]. Sintonizar o

---

2. E. Montale, "Monologhi e Colloqui", *op. cit.*, p. 45.
3. S. Langer, *Filosofia em Nova Chave*, São Paulo, Perspectiva, 1989.
4. M. Villoresi, *Come leggere Ossi di Seppia*, Milano, Mursia, 1997.

batimento do coração com o do "coração transumano" ("Giunge a volte, repente" ["Diga às vezes, improviso]) da "divinità ansante" [divindade ofegante] [...] significa unir o efêmero com o eterno.

Esse confronto musical é, para Montale, a conquista de uma expressão definitiva, pura e, para o homem, é sair por um instante do incessante devir, do fluxo da vida:

Avrei Voluto Sentirmi Scabro ed Essenziale

Avrei voluto sentirmi scabro ed essenziale
siccome i ciottoli che tu volvi,
mangiati dalla salsedine;
scheggia fuori del tempo, testimone
di una volontà fredda che non passa.
Altro fui: uomo intento che riguarda
in sé, in altrui, il bollore
della vita fugace – uomo che tarda
all'atto, che nessuno, poi, distrugge.
Volli cercare il male
che tarla il mondo, la piccola stortura
d'una leva che arresta
l'ordegno universale; e tutti vidi
gli eventi del minuto
come pronti a disgiungersi in un crollo.
Seguìto il solco d'un sentiero m'ebbi
l'opposto in cuore, col suo invito; e forse
m'occorreva il coltello che recide,
la mente che decide e si determina.

Altri libri occorrevano
a me, non la tua pagina rombante.
Ma nulla so rimpiangere; tu sciogli
ancora i groppi interni col tuo canto.
Il tuo delirio sale agli astri ormai.

QUERIA TER-ME SENTIDO ÁSPERO E ESSENCIAL

Queria ter-me sentido áspero e essencial
como as pedras que tu revolves
corroídas de salsugem;
lasca fora do tempo, testemunha
de uma vontade fria que não passa.
Outrem fui: homem pronto a olhar
dentro de si, dentro dos outros, a fervura
da vida fugaz – homem a quem tarda
o ato, que ninguém, depois, destrói.
Quis procurar o mal
que rói o mundo, o detalhe torto
de uma alavanca que paralisa
o engenho universal, e vi todos
os eventos do momento
como prestes a desmoronar.
Se seguia o sulco de um caminho, o oposto
me tentava o coração; e talvez
me faltasse a lâmina que corta
a mente que decide e determina.
De outros livros precisava
não de tua página troante.
Mas nada lamento: tu desatas
ainda meus nós internos com teu canto.
O teu delírio sobe aos astros já.

Como poeta, Montale queria apossar-se das "vozes" do mar, prender em seus versos o canto da "divindade": "Potessi Almeno Costringere" (*Mediterraneo*), dirá no poema que tentaremos traduzir a seguir. Isso não foi possível, diz Villoresi, pois o poeta se confrontou com a degradação trazida pelas palavras e com a voz poética obscura, fraca:

Potessi Almeno Costringere

Potessi almeno costringere
in questo mio ritmo stento
qualche poco del tuo vaneggiamento;
dato mi fosse accordare
alle tue voci il mio balbo parlare: -
io che sognava rapirti
le salmastre parole
in cui natura ed arte si confondono,
per gridar meglio la mia malinconia
di fanciullo invecchiato che non doveva pensare.

Ed invece non ho che le lettere fruste
dei dizionari, l'oscura
voce che amore detta s'affioca,
si fa lamentosa letteratura.

Non ho che queste parole
che come donne pubblicate
s'offrono a chi le richiede;
non ho che queste frasi stancate
che potranno rubarmi anche domani
gli studenti canaglie in versi veri.

Ed il tuo rombo cresce, e si dilata
azzurra l'ombra nuova.
M'abbandonano a prova i miei pensieri.
Sensi non ho; né senso. Non ho limite.

PUDESSE AO MENOS FIXAR

Pudesse ao menos fixar
nesse meu ritmo custoso
um pouco de teu desvario;
fosse-me dado afinar
às tuas vozes meu balbucio:
eu que sonhava roubar-te
as salobras palavras
em que natureza e arte se confundem,
para gritar melhor minha melancolia
de menino velho que não devia pensar.
Ao invés tudo que tenho são as letras frustas
dos dicionários, e a obscura
voz que dita amor se enfraquece,
se faz lamentosa literatura.
Tudo que tenho são estas palavras
que como mulheres publicadas
se oferecem a quem as requer;
Não tenho senão essas frases cansadas
que poderão roubar-me no amanhã
os estudantes canalhas em versos veros.
E teu estrondo cresce, e se dilata
azul a sombra nova.
Abandonam-me em luta os pensamentos.
Sensos não tenho, nem sentido. Nem tenho limite.

Montale foi considerado por alguns um poeta hermético a partir de *Le Occasioni*, também por falar através de objetos que são a um só tempo a forma perceptiva e a representação mental subjetiva.

Essa segunda coletânea de poemas é inaugurada com "Il Balcone".

Il Balcone

Pareva facile giuoco
mutare in nulla lo spazio
che m'era aperto, in un tedio
malcerto il certo tuo fuoco.

Ora a quel vuoto ho congiunto
ogni mio tardo motivo,
sull'arduo nulla si spunta
l'ansia di attenderti vivo.

La vita che dà barlumi
è quella che sola tu scorgi.
A lei ti sporgi da questa
finestra che non s'illumina.

O Balcão

Parecia fácil jogo
mudar em nada o espaço
que havia aberto, em um tédio
incerto o certo teu fogo.

Àquele vácuo juntei
cada meu tardo motivo,
no árduo nada desfaz-se
a ânsia de esperar-te vivo.

A vida em que há lampejos
é aquela que só tu vislumbras.
A ela te inclinas desta
janela que não se ilumina.

Em *Montale Commenta Montale*[5] o poeta esclarece ao seu amigo Guarnieri alguns dos versos obscuros desse poema. Assim: "mutare in nulla lo spazio/che m'era aperto" ["transformar em nada o espaço/que me era aberto"] quer dizer: "annullare la possibilitá di vita che mi era offerta" ["anular a possibilidade de vida que me era oferecida"].

La vita che dá barlumi/è quella che sola tu scorgi: [È la vita interiore, quella ch'appare e dispare a tratti. È la sola che tu scorgi]

A vida em que há lampejos é aquela que só tu percebes: [É a vida interior, aquela que aparece e desaparece. É somente aquela que tu percebes]

5. L. Greco, *Montale Commenta Montale*, Parma, Pratiche Editrice, 1980, pp. 27-28.

A lei ti sporgi da questa: [Ti sporgi nella mia memoria, o fantasia]

A ela te inclinas desta: [Te inclinas em minha memória, ou fantasia].

Montale escolheu uma linguagem pouco usual. Para ele, obviamente, a da poesia não é a língua de todos os dias. Resultou disso uma revitalização do vocabulário italiano erudito que estava um tanto esquecido. Não seria este um dos fatores que levou a considerá-lo hermético? Na verdade algo que caracteriza a poética de Montale é a transformação das circunstâncias humanas em figuras simbólicas, como por exemplo em:

BRINA SUI VETRI

Brina sui vetri; uniti
sempre e sempre in disparte
gl'infermi; e sopra i tavoli
i lunghi soliloqui sulle carte.

Fu il tuo esilio. Ripenso
anche al mio, alla mattina
quando udii tra gli scogli crepitare
la bomba ballerina.

E durarono a lungo i notturni giuochi
di Bengala: come in una festa.
È scorsa un'ala rude, t'ha sfiorato le mani,
ma invano: la tua carta non è questa.

Geada nos Vidros

Geada nos vidros; juntos
sempre e sempre à parte
os enfermos; e às mesas
os longos solilóquios sobre as cartas.

Foi o teu exílio. Repenso
o meu também, de manhãzinha
quando ouvi entre os escolhos estourar
a bomba bailarina.

E duraram muito os noturnos jogos
de Bengala: como numa festa.
Adejou uma asa rude, roçou tuas mãos,
mas em vão: a tua carta não é esta.

(Este poema se dirige a uma mulher peruana de origem genovesa e que morava em Gênova. Há um confronto entre a vida dela no sanatório e a vida de Montale na guerra. A decisão não foi tomada "por sorte minha, e dela" comenta Montale.)

Esse processo da transformação em figuras simbólicas é mais misterioso e complexo do que a análise através dos objetos e dos arquétipos antropológicos, realizada por Meynaud, para a leitura da "objetologia montalia-na", que entendemos ser interessante, mas insuficiente como contribuição para o estudo das transformações criativas, que é nosso objetivo.

FLORENÇA – BAR "Le Giuble Rosse": freqüentado por Eugenio Montale

Meynaud descreve os objetos de Montale em movimentos de queda, desmoronamento, arquétipos da manifestação de angústia humana diante da temporalidade, e objetos em movimentos ascensionais, defesa contra a angústia ou sua sublimação. O círculo é uma imagem muito freqüente, que se repete em estruturas como a roda, o disco, a esfera, o olho, a ciranda etc. Essa circularidade pode ser interpretada como o círculo/prisão, a existência como prisão, até que os muros sejam demolidos e as correntes, rompidas. "In questo seguitare una muraglia/che ha in cima cocci aguzzi di bottiglia" ("Meriggiare") ["Neste ir adiante uma muralha/com sobre agudos cacos de garrafa"]; "Cerca una maglia rotta nella rete/che ci stringe, tu balza fuori, fuggi ("In Limine") ["Procura um ponto solto no arrastão/que nos aperta, pula fora, foge"]. Aqui Montale parece desejar que a vida se repita em tempo circular. O círculo, além do seu sentido de prisão e refúgio, possui também o valor de exorcizar a passagem do tempo linear, histórico e da vida como perpétua transformação até a morte. O tempo circular entendido como proteção contra o tempo linear, que segue e não volta, é o desejo de retornar à totalidade primitiva, às origens. Meynaud aponta também para o arquétipo andrógino em que há um tropismo em direção à outra metade do seu "eu", provindo da bissexualidade primordial. É uma aspiração à fusão que leva o poeta a tecer os vínculos verbais que possam unir o disperso, o que não se relaciona, os opostos, o em cima e o embaixo, o céu e a terra, o eu com sua parte que falta. A "obscuridade" de Montale poderia ser conseqüência dessa retórica da circularidade em que o aspecto caótico, ameaçador, da realidade seria reduzido pela invenção poética. Assim, o ato poético torna-se um ato de recriação do mundo pela linguagem. A crítica é unânime em apontar esse aspecto de *continuum* em Montale que liga objetos, fatos, comentários, reflexões, unindo em um só significado o que a vida apresenta de disperso e incongruente. Meynaud interpreta esse *continuum* como um ato de recriação do mundo pela angústia do caos. Do ponto de vista linguístico, há um grande esforço para unir o que parece ser sem relação, díspar, como em "Verso Vienna". Mas, ao examinarmos este poema de *Le Occasioni*, período em que Montale fala através dos objetos – que são a um só tempo a forma perceptiva e a representação verbal subjetiva – talvez possamos nos aproximar da emoção do poeta através de transformações em formas simbólicas, lúdicas e musicais de sua vivência de contatos humanos insólitos. E o que pode reconfortar é um latido de cão: "fraterna unica voce dentro l'afa" ["fraterna única voz no calor intenso"]. Vamos ao poema.

Verso Vienna

*Il convento barocco
di schiuma e di biscotto
adombrava uno scorcio d'acque lente
e tavole imbandite, qua e là sparse
di foglie e zenzero.*

*Emerse un nuotatore, sgrondò sotto
una nube di moscerini,
chiese del nostro viaggio,
parlò a lungo del suo d'oltre confine.
Additò il ponte in faccia che si passa
(informò) con un soldo di pedaggio.
Salutò con la mano, sprofondò,
fu la corrente stessa ...*
                                    Ed al suo posto,
*battistrada balzò da una rimessa
un bassotto festoso che latrava,
fraterna unica voce dentro l'afa.*

Para Viena

O convento barroco
de espuma e de biscoito
sombreava um fio de águas lentas
e mesas postas, aqui e ali esparsas
de folhas e gengibre.

Emergiu um nadador, respingou sob
uma nuvem de mosquitos,
perguntou-nos da viagem,
falou muito da sua de além confins.

Indicou a ponte em frente que se passa
(informou) com um vintém de pedágio.
Cumprimentou com a mão e mergulhou,
foi a própria correnteza...
                                    Em seu lugar,
bate-estrada[6] pulou de um barracão
um bassê festivo que ladrava,
fraterna única voz nesse queimor.

Será suficiente essa leitura crítica de um mundo fechado e concluso como um círculo nos poemas de nosso poeta? A investigação da emergência da imagem poética como um processo que sintetiza um significado que aos olhos comuns está disperso acreditamos ser outro caminho possível. Desse ponto de vista, o que une o que é tão díspar, o que está disperso, o que não se relaciona, é a emoção diante da vivência, transformada em símbolos, transformada em criação poética.

Meynaud[7] fala da imagem-programa, recorrente nas líricas montalianas, onde a cadeia poética se origina de uma imagem inicial, de um objeto indutor, em posição proléptica, antecipando uma palavra em sua natural sucessão lógica, que se torna o verdadeiro pólo que promove a composição, ancorado na vontade criadora consciente e inconsciente. Cita como exemplo o esquema da

6. Guia, batedor.
7. M. Meynaud, *op.cit.*, pp.74-5.

festuca conficcata, um graveto pregado, colado ao muro, que organiza todo o poema.

Em *Ossi di Seppia*, continua ela, há um esquema especular em que a imagem de abertura constitui o motivo sobre o qual se espelha a imagem final da composição que seria sinônimo de circularidade, se considerarmos a simetria como um retorno e, portanto, como a conclusão de um ciclo. É o que podemos ver no poema seguinte, nos versos iniciais e finais:

Meriggiare pallido e assorto

Meriggiare pallido e assorto
presso un rovente muro d'orto,
ascoltare tra i pruni e gli sterpi
schiocchi di merli, frusci di serpi.

Nelle crepe del suolo o su la veccia
spiar le file di rosse formiche
ch'ora si rompono ed ora s'intrecciano
a sommo di minuscole biche.

Osservare tra frondi il palpitare
lontano di scaglie di mare
mentre si levano tremuli scricchi
di cicale dai calvi picchi.

E andando nel sole che abbaglia
sentire con triste meraviglia
com'è tutta la vita e il suo travaglio
in questo seguitare una muraglia
che ha in cima cocci aguzzi di bottiglia.

MERIDIAR[8] PÁLIDO E ABSORTO

Meridiar pálido e absorto
No escaldante muro do horto,
escutar entre espinhos e abrolhos
estalos de melros, roçar de serpes.

Nas gretas do solo ou sobre a vicia[9]
espiar as filas de roxas formigas
que ora se rompem e ora se entrançam
no topo de minúsculas medas.

Observar entre os ramos o palpitar
distante de escamas do mar
enquanto se erguem trêmulos estalos
de cigarras dos calvos picos.

E andando no sol que ofusca
sentir com triste maravilha
como está toda vida e seu trabalho
neste ir adiante uma muralha
com sobre agudos cacos de garrafa.

No poema "Portami il Girasole" é mais evidente a circularidade de que fala Meynaud, nos versos 1, 9 e 12.

---

8. Fazer a sesta.
9. Planta herbácea da família das Papilionáceas (*Vicia sativa*), cultivada como forragem, cujas sementes, antigamente, eram usadas para a panificação.

Portami il Girasole

Portami il girasole ch'io lo trapianti
nel mio terreno bruciato dal salino,
e mostri tutto il giorno agli azzurri specchianti
del cielo l'ansietà del suo volto giallino.

Tendono alla chiarità le cose oscure,
si esauriscono i corpi in un fluire
di tinte: queste in musiche. Svanire
è dunque la ventura delle venture.

Portami tu la pianta che conduce
dove sorgono bionde trasparenze
e vapora la vita quale essenza;
portami il girasole impazzito di luce.

Traga-me o Girassol

Traga-me o girassol que eu o transplante
em meu terreno queimado de salgado,
e mostre o dia inteiro aos azuis espelhantes
do céu a ansiedade do seu rosto dourado.

Tendem à claridade as coisas obscuras,
se exaurem os corpos num fluir
de tintas: estas em músicas. Esvanecer
é portanto a ventura das venturas.

Traga-me tu a planta que conduz
aonde surgem loiras transparências
e exala a vida qual essência;
traga-me o girassol enlouquecido de luz.

A idéia de imagem-programa não invalida a de disposição criadora. O poeta quando se prepara para compor, não parte de um *canovaccio*, de um esboço definido e previsto. Mas a disponibilidade ao imprevisível, ao não planificado, não impede ao poema de ser submetido a um processo de concatenação, provavelmente por associação, na qual fenômenos de atração léxica, semântica, icônica e fônica têm papel importante. A crítica assinala dois procedimentos freqüentes na criação poética de Montale: a comparação, a metáfora e a repetição, que são aparentadas com a condensação. A imagem-programa é vista por Montale como um empurrão, um ponto de partida para o versejar, como explica claramente ele mesmo em 1951:

> Também o artista tem uma certa idéia, mas muito obscura e imprecisa. Em que o ponto de partida é um impulso, não um programa. Durante o percurso, aquela certa idéia se transforma e aparece como irreconhecível. Podemos dizer então que o artista conhece a si mesmo somente ao completar sua obra, após ter lutado contra um obstáculo que (no caso da poesia) é a palavra, o meio expressivo.

Em 1963, Montale reforça:

Il vero poeta non sa mai dove deve arrivare. Se così non fosse cadrebbe ogni distinzione tra industria e arte.

O verdadeiro poeta não sabe aonde vai chegar. Se assim não fosse, cairia toda a diferença entre indústria e arte.

Tal afirmação parece-nos mostrar que "uma idéia, embora muito obscura e imprecisa" é a primeira resultante imagética de uma experiência emocional, em que o evento externo foi favorável para promover uma combinação com o evento interno, e qualquer um dos dois pode ter sido o catalisador da combinação que levou à imagem. A luta passa a consistir em transformar as imagens internas em palavras. Para Meynaud[10], o estilo de Montale foi se modelando sobre figuras dominantes, que emergem de seu profundo, de uma energia dinâmica que ele extravasa em representações, símbolos e gestos. Os arquétipos não são, em Montale, representações acabadas, que estariam arraigadas em sua psique profunda. Mantendo-se na tradição realista e escutando o que lhe era ditado de dentro, o poeta tornou-se um escrupuloso intérprete da relação fenomenológica entre sujeito e objeto. Essa relação fenomenológica poderia ser um instrumento de análise da poesia de Montale, mas Meynaud se deteve na relação entre os objetos de seus poemas e os arquétipos inconscientes.

Anche l'artista ha una certa idea, ma assai oscura e imprecisata. In cui il punto di partenza è una spinta, non un programma. Strada facendo, quella certa idea si trasforma e appare del tutto irriconoscibile. E può dirsi così che l'artista conosce se stesso soltanto a cose fatte, dopo

---

10. M. Meynaud, *op. cit.*, pp. 85-86.

aver lottato contro un ostacolo che (nel caso della poesia) é la parola, il mezzo espressivo.

O artista também tem uma certa idéia, mas bastante obscura e imprecisa, na qual o ponto de partida é um impulso não um programa. No seguir, aquela certa idéia se transforma e aparece irreconhecível. E pode-se dizer, assim, que o artista conhece a si mesmo somente no ato finalizado, após ter lutado contra um obstáculo que (no caso da poesia) é a palavra, o receio expressivo.

Rosario Assunto define a estética de Montale através da concepção de poesia como extinção do dualismo eu-mundo, entendendo-se o mundo como o Eu-transcendental, o único que pode comunicar; um mundo dentro do qual pode-se agarrar o sentido da própria experiência através de um súbito lampejo, uma iluminação e um libertar-se de sua própria "fenomenocidade" efêmera.

Os eventos vividos pelo eu tendem a romper o invólucro casual e constituem-se numa condição supraindividual do cotidiano, mas diversa do cotidiano. Somente a poesia é capaz de reunir os dois sentidos do real, o imediato e o mediato.

Na experiência cotidiana, diz Rosario Assunto[11], o nexo entre os dois sentidos do real é sempre e somente alegórico. Além da experiência diária, existe uma possi-

---

11. R. Assunto, "Per una teoria della poesia di Montale", em *Omaggio a Montale*, org. de Silvio Ramat, Milão, Mondadori, 1966, p. 27.

bilidade em que, como sob a luz de um relâmpago, os dois sentidos se fundam e a alegoria se torne símbolo:

Derelitte sul Poggio

Derelitte sul poggio
fronde della magnolia
verdibrune se il vento
porta dai frigidari
dei pianterreni un travolto
concitamento d'accordi
ed ogni foglia che oscilla

O rilampeggia nel folto
in ogni fibra s'imbeve
di quel saluto, e più ancora
derelitte le fronde
dei vivi che si smarriscono
nel prisma del minuto,
le membra di febbre votate
al moto che si ripete
in circolo breve: sudore
che pulsa, sudore di morte,
atti minuti specchiati,
sempre gli stessi, rifranti
echi del batter che in alto
sfaccetta il sole e la pioggia,
fugace altalena tra vita
che passa e vita che sta,
quassù non c'è scampo: si muore
sapendo o si sceglie la vita

che muta ed ignora: altra morte.
E scende la cuna tra logge
ed erme: l'accordo commuove
le lapidi che hanno veduto
le immagini grandi, l'onore,
l'amore inflessibile, il giuoco,
la fedeltà che non muta.
E il gesto rimane: misura
il vuoto, ne sonda il confine:
il gesto ignoto che esprime
se stesso e non altro: passione
di sempre in un sangue e un cervello
irripetuti; e fors'entra
nel chiuso e lo forza com l'esile
sua punta di grimaldello.

DESVALIDAS NA ENCOSTA

Desvalidas na encosta
folhagens de magnólia
verde escuro, se o vento
traz dos frigidários[12]
dos térreos um transtornado
tumulto de acordes
e cada folha que oscila
ou lampeja na densidão
em cada fibra se embebe
daquela saudação, e mais ainda

---

12. *Frigidários*: antigas termas romanas para banhos frios.

desvalidas as frondes
dos vivos que se perdem
no prisma do minuto,
os membros de febre votados
ao moto que se repete
em círculo breve: suor
que pulsa, suor de morte,
miúdos atos espelhados,
sempre os mesmos, refratos
ecos do bater, que no alto
faceta o sol e a chuva,
fugaz balanço entre a vida
que passa e a vida que está,
aqui não há saída: morre-se
sabendo ou escolhe-se vida
que muda e ignora: outra morte.
E desce o berço entre arcos
e ermas[13]: o acorde comove
as lápides que viram
as grandes imagens, a honra
o amor inflexível, o jogo,
a fidelidade que não muda.
E o gesto resta: mede
o vazio, sonda seu confim:
o gesto ignoto que exprime
a si mesmo e nada mais: paixão
de sempre num sangue e num cérebro

---

13. *Ermas*: esculturas em pilastras representando cabeça e busto humanos.

irrepetidos; e talvez entre
no clauso e o force com a exígua
sua ponta de gazua.

É característica da poética de Montale a transformação em símbolos, que pode se dar ou não, como em "Il Ramarro, se Scocca", em que ele alude à "verdade poética", que para ele não ocorreu. Mas nós achamos que há sim um poema cheio de imagens simbólicas, de som e de movimento.

Segundo Rosario Assunto, o discurso, em sentido imediato ou literal, é alegórico, diverso do sentido mediato, de seu significado. Para Montale, a poesia terá que transformar a alegoria em símbolo, reunir os dois sentidos do real, o imediato e o mediato. Na experiência cotidiana, o nexo entre os dois sentidos do real é sempre alegórico:

> E não há outra escolha a não ser aquela que opõe um saber, que é morte, porque capta o significado das coisas e acontecimentos, mas apaga seu semblante reduzindo-o a pó [...] e uma vida que é ignorância por manter-se agarrada ao sentido imediato e dissolver-se à medida que este se consome, o qual não deixa rastros de si porque foi esvaziado do significado não efêmero do qual era portador: "outra morte"[14].

14. "Né v'è altra scelta fuori di quella che oppone un sapere che è morte perchè coglie il significato delle cose e degli eventi, ma cancellandone

Existe outra experiência cotidiana na qual o gesto se apropria dos momentos de exceção: o gesto da poesia, que é simbólica. O homem não vive, segundo a concepção poética de Montale, apenas da experiência cotidiana, mas conhece os momentos excepcionais, as "ocasiões". Por uma súbita iluminação os dois sentidos do real se penetram, a alegoria se transforma em símbolo, e a poesia os reune a ambos[15].

Segundo Fritz Strich (Berna, 1940, *apud* Assunto), o simbolismo da poesia se propõe mostrar a "verdade" e não a realidade, e a poesia simbólica "transforma em experiência vivente o que se revela somente na fulguração poética, que de outro modo ficaria escondido".

Montale concebe a poesia como uma realidade mais significativa que a de todos os dias, que ele vê como a verdade personificada e identificada nas coisas, nos eventos, pela realidade das palavras. As palavras têm função decisiva como realidade absoluta: o simbólico não existe apenas por aquilo que as palavras significam, mas por

---

la figura, riducendola in polvere [...] e una vita che è ignoranza perchè si tiene attaccata al senso immediato e passa via col consumarsi di questo, che non lascia traccia di sé perché è stato strappato via dal significato non effimero di cui era portatore: 'altra morte'" (R. Assunto, *op. cit.*, p. 27).

15. *Idem*, p. 29.

aquilo que elas são, como uma realidade física, instituída pelas relações fonéticas. Para Montale, as palavras criam a realidade e não simplesmente designam uma realidade da qual elas seriam um simples veículo.

O objetivo da poesia é a condição humana, o que ocorre em toda sua obra, como podemos ver, por exemplo, nestes versos do poema "Meriggiare":

> *E andando nel sole che abbaglia*
> *sentire con triste meraviglia*
> *com'è tutta la vita e il suo travaglio*
> *in questo seguitare una muraglia*
> *che ha in cima cocci aguzzi di bottiglia.*

> E andando no sol que ofusca
> sentir com triste maravilha
> como está toda vida e seu trabalho
> nesse ir adiante uma muralha
> com sobre agudos cacos de garrafa.

Em *Ossi di Seppia* prevalecem os estados de incomunicabilidade e as intensas emoções que se "esparramam" pela paisagem lígure buscando escuta. A paisagem é a sua presa.

Marco Villoresi propõe como tema de *Ossi di Seppia* a poesia entre a falência e o milagre, como podemos ver a seguir:

Ma, pur com le dichiarate carenze, la poesia mantiene l'importante funzione di esercitare una critica radicale del reale: può mostrare le contraddizioni della vita e richiamare, senza fingimenti, con rigore filosofico, ad austera consapevolezza, ad una virile presa di coscienza dalle problematiche umane – di consequenza, la rottura del rapporto armonico tra l'uomo e la natura, tra l'io e la realtà – la disarmonia, appunto – finisce per essere l'oggetto privilegiato di studio della poesia[16].

Mesmo com as declaradas carências, a poesia mantém a importante função de exercer uma crítica radical do real: pode mostrar as contribuições da vida e chamar com isso, sem fingimentos e com rigor filosófico, a uma tomada de consciência austera e viril das problemáticas humanas – e conseqüentemente à ruptura da relação harmônica entre o homem e a natureza entre o eu e a realidade – e o que é justamente a desarmonia acaba sendo objeto privilegiado do estudo da poesia.

A palavra poética, mesmo com seus limites, volta a ser com Montale um ato de fé: mesmo quando a "ordem", o significado do próprio caminho na Terra está perdido (falência), resta ao poeta a "louca" fé num "evento impossível" e desconhecido, (milagre) que as palavras da poesia desesperadamente tentam decifrar, como no poema a seguir:

---

16. M. Villoresi, *op. cit.*, p. 108.

Dissipa tu se lo Vuoi

*Dissipa tu se lo vuoi
questa debole vita che si lagna,
come la spugna il frego
effimero di una lavagna.
M'attendo di ritornare nel tuo circolo,
s'adempia lo sbandato mio passare.
La mia venuta era testimonianza
di un ordine che in viaggio mi scordai,
giurano fede queste mie parole
a un evento impossibile, e lo ignorano.
Ma sempre che traudii
la tua dolce risacca su le prode
sbigottimento mi prese
quale d'uno scemato di memoria
quando si risovviene del suo paese.
Presa la mia lezione
più che dalla tua gloria
aperta, dall'ansare
che quasi non dà suono
di qualche tuo meriggio desolato,
a te mi rendo in umiltà. Non sono
che favilla d'un tirso. Bene lo so: bruciare,
questo, non altro, è il mio significato.*

Dissipa tu se o Queres

Dissipa tu se o queres
esta débil vida que se queixa,
como a esponja o traço

efêmero de um quadro negro.
Espero poder tornar em teu círculo,
cumpre-se o estabanado meu passar.
Minha chegada era testemunha
de uma ordem que em viagem esqueci,
juram fé estas minhas palavras
a um evento impossível, e o ignoram.
Mas sempre que entreouvi
tua doce ressaca sobre a margem
o assombro me tomou
feito um diminuído de memória
quando volta a lembrar de seu lugar.
Aprendida a lição
mais que de tua glória
aberta, do ofegar
que quase não dá som
de algum teu meio dia desolado,
a ti me rendo em humildade. Nada mais
sou que fagulha de um tirso[17]. Bem sei: queimar,
este e não outro, é o meu significado.

A condição humana cantada em *Ossi di Seppia* sugere um estado de adolescência[18] entre o *eterno grembo*

---

17. Bastão enfeitado com hera e pâmpanos, e terminando em forma de pinha, com que se representavam Baco e as Bacantes.
18. Adolescência, segundo uma visão psicanalítica, é o período de transformação do corpo e da mente da infância, em que são progressivamente abandonadas com pesar e mesmo com luto, as concepções infantis.

[regaço eterno], o *crogiuolo* [cadinho] onde um morto enredo cheio de memórias transforma um *orto* [horto] em *reliquario* [relicário]:

GODI SE IL VENTO CH'ENTRA NEL POMARIO

Godi se il vento ch'entra nel pomario
vi rimena l'ondata della vita:
qui dove affonda un morto
viluppo di memorie,
orto non era, ma reliquario.

Il frullo che tu senti non è un volo,
ma il commuoversi dell'eterno grembo;
vedi che si trasforma questo lembo
di terra solitario in un crogiuolo.

Un rovello è di qua dall'erto muro.
Se procedi t'imbatti
tu forse nel fantasma che ti salva:
si compongono qui le storie, gli atti
scancellati pel giuoco del futuro.

Cerca una maglia rotta nella rete
che ci stringe, tu balza fuori, fuggi!
Va, per te l'ho pregato, - ora la sete
mi sarà lieve, meno acre la ruggine...

GOZA SE O VENTO QUE ENTRA NO POMAR

Goza se o vento que entra no pomar
vem renovar a onda da existência:
aqui onde afunda um morto

enredo de memórias,
horto não era, mas relicário.

O adejar que tu ouves não é um vôo,
é o comover-se do regaço eterno;
vê que se transforma esta nesga
de terra solitária num crisol.

Um tormento está aquém do íngreme muro
se prossegues deparas
tu talvez no fantasma que te salva:
compõem-se aqui as estórias, e os atos
cancelados no jogo do futuro.

Procura um ponto solto no arrastão
que nos aperta, pula fora, foge!
Vá, por ti o implorei, agora a sede
ser-me-á mais leve, menos acre a ferrugem...

Para escapar do círculo que estrangula, é preciso arrebentar correntes, demolir muros ("cerca la maglia rotta nella rete/che ci stringe, fuggi") e ir além: *un rovello* [um tormento] convida a prosseguir para encontrar o *fantasma che ti salva* para o *gioco del futuro*. Parece o impulso a libertar-se, separar-se dos estados de mente da infância e prosseguir em direção à individuação, à autonomia, a liberdade de pensamento. Na economia psíquica contrapõe-se a esse impulso o medo de prosseguir, pela perda dos estados de mente conhecidos, o medo da evolução e da mudança, que no evolver da vida leva inevitavelmente ao fim. Esse medo é expresso pelo desejo de voltar às condições iniciais, o retorno ao círculo, agora não mais sentido como *claustrum*, mas como bênção, uma afirmação de que nada se perde, tudo volta, para lidar com a dor da separação do objeto e dos estados de mente que vão evoluindo. A "bênção" regressiva dura pouco, pois a percepção de que o tempo não volta, que é linear, progressivo e avança inexorável, obriga o poeta a usar seu verdadeiro instrumento de combate a essa inevitabilidade: sua capacidade simbólica, seu talento de criar figurações a partir do vazio – que ele reconhece vir da ausência do objeto, o vazio que ele pode "povoar" com suas criações poéticas.

O "Tu" em Montale

O vocativo "tu" vai adquirindo peso e presença, desde *Ossi di Seppia* até *La Bufera e Altro* para depois decrescer. A crítica propôs várias hipóteses para definir "il tu" – o "tu" – dos poemas de Montale, que ele mesmo em *Satura* esclarece:

> *I critici ripetono*
> *da me depistati, che il mio tu é un istituto.*
> *Senza questa mia colpa avrebbero saputo*
> *che i miei tanti sono uno anche se appaiono*
> *moltiplicati dagli specchi. [...]*

Os críticos repetem
por mim despistados, que o meu tu é um instituto.
Sem esta minha culpa teriam sabido
que os meus tantos são um, mesmo que apareçam
multiplicados pelos espelhos. [...]

Para alguns, o tu é o eterno destinatário do poeta, para outros, sua consciência, seu eu interior, um interlocutor imaginário. O tu nomeado, como Clizia, não seria uma pessoa distinta do poeta, mas o seu complemento.

Em *Montale Commenta Montale*[19], ao responder às indagações de Guarnieri, o poeta esclarece quem são as mulheres de seus poemas, às quais ele se dirige enumerando-as. Clizia é a primeira, e o poeta reconhece sua presença em "Nuove Stanze", "Iride", "Primavera hitleriana" e nos poemas em que ela é nomeada. Em todos os outros, exceto em "In Limine", "Casa sul Mare", "Crisalide", há uma figura real, que não é Clizia; não há, pois, ninguém a ser descoberto. "Trata-se de experiências que vêm de todas as partes de minha vida e muitas vezes são inventadas".

---

19. L. Greco, *op. cit.*, p.67.

Para Meynaud[20], o tu é a outra face do eu, a mulher é parte, e está dentro do poeta como mostram, a seguir, as imagens de fusão fantasiada[21] ou imaginada:

TENTAVA LA VOSTRA MANO LA TASTIERA

Tentava la vostra mano la tastiera,
i vostri occhi leggevano sul foglio
gl'impossibili segni; e franto era
ogni accordo come una voce di cordoglio.

Compresi che tutto, intorno, s'inteneriva
in vedervi inceppata inerme ignara
del linguaggio più vostro: ne bruiva
oltre i vetri socchiusi la marina chiara.

Passò nel riquadro azzurro una fugace danza
di farfalle; una fronda si scrollò nel sole.
Nessuna cosa prossima trovava le sue parole,
ed era mia, era nostra, la vostra dolce ignoranza.

TENTAVAM VOSSAS MÃOS O TECLADO

Tentavam vossas mãos o teclado,
e vossos olhos liam na partitura
os impossíveis signos; e fracto era
cada acorde qual condoer-se de uma voz.

---

20. M. Meynaud, *op.cit.*, pp.54-5.
21. Fantasia consciente, devaneio ou imaginação são praticamente sinônimos em psicanálise.

Compreendi que tudo, em volta, se enternecia
Em ver-vos entravada inerme ignara
da linguagem mais vossa: daí brotava
entre as frestas dos vidros a marina clara.

Passou no recorte azul uma dança fugaz,
mariposas; uma fronde abanando ao sol.
Nenhuma coisa próxima encontrava sua voz,
e era minha, era *nossa*, vossa doce ignorância"

E ainda:

A lei tendo la mano, e farsi mia
un'altra vita sento, ingombro d'uma
forma che mi fu tolta, e quasi anelli
alle dita non foglie mi si attorcono
ma capelli ("Incontro")

A ela estendo a mão, e tornar-se minha
outra vida sinto, cheio de uma
forma que me foi tirada, e quase anéis
aos dedos não folhas se me enrolam
mas cabelos ("Encontro")

O membra che distinguo
a stento dalle mie (...)
[...] certo il tuo destino al mio
congiunto mostrerebbe un solco solo ("L'Orto")

Oh, membros que distinguo
a custo dos meus [...]
[...] certo o teu destino ao meu
unido mostraria um único sulco ("O Horto")

*Ero intriso
di te, la tua forma era il mio
respiro nascosto, il tuo viso
nel mio si fondeva ("Nella serra")*

Embebido
de ti, tua forma era meu
respiro escondido, o teu rosto
no meu se fundia ["Na Estufa"]

*I volti scarni
della luna e del sole si fondevano ("Siria")*

Os vultos magros
da lua e do sol se fundiam ("Síria")

Segundo Aristófanes, no *Banquete*, de Platão, elementos masculinos e femininos procediam do Sol (macho), da Terra (fêmea), e da Lua (misto dos dois sexos).

Mas o sonho da fusão não é realizável e o poeta mostra como a distância do espaço entre o eu e o tu dilacera essa "unidade". O espaço se torna o lugar do errante, da peregrinação gerando sofrimento – pela presença e ausência do outro, como em "Cigola la Carrucola nel Pozzo".

Para Gaston Bachelard, "quando alguém nos fala da interioridade das coisas, podemos estar seguros de estarmos escutando confidências de sua intimidade [...]. Estas nos fazem conhecer mais o homem do que as coisas, ou melhor dizendo, inscrevem as coisas no lugar do homem" (esta conceituação corresponderia à do correlativo objetivo).

Como esclarecer o mistério da realidade, a ontologia do concreto? Em *Satura*, Montale adverte quanto à impossibilidade de se entender com exatidão a realidade. Os objetos servem-lhe para traduzir seus estados de ânimo e para simbolizar sua visão pessoal da condição humana. Diante da realidade o poeta convence-se de que não podemos conhecer as coisas, mas somente sua sombra e talvez sua superfície fenomenológica. O termo realidade para ele define uma pré-existência. O poeta não nos introduz no ser das coisas mas, graças às suas cenografias, revela, aos objetos por ele fantasiados, o seu eu pessoal, profundo.

O Tempo em Montale

O tempo como círculo, enquanto retorno ao estado inicial; o cotidiano, imóvel, o sem tempo; e o tempo linear, a vida em contínua transformação são as dimensões temporais tocadas por Montale. Ele se pergunta se a palavra pode expressar a experiência vivida, ao fazer um corte arbitrário no *continuum*. Se a poesia é feita de palavras, como é possível a poesia expressar a vida?

A. Casadei[22] ao estudar o tempo em Montale propõe: o tempo "fluvial" – de uma condição externa, opondo-se ao tempo "memorial" – de uma condição interna ao homem. Levando em conta o contexto poético e a interação entre imagens temporais e estrutura métrico-rítmica da composição "Flussi" ("Fluxos"), Casadei mostra que o tecido narrativo de seus poemas é dominado por dois pólos: tempo=imobilidade e tempo=fuga, este último expresso no campo metafórico: tempo-água, viagem, voragem, náufrago da frota; o tempo fluvial. O tempo-memória aparece na imagem do giro, do tempo circular – "il giro che governa/la nostra vita" ("Flussi").

Diante da fuga do tempo e da devastação de tudo, a memória procura reter algo, mas freqüentemente em vão: "la scialba memoria" ["a pálida memória"] ("Valmorbia").

Para Montale esquecer e morrer parecem ser a mesma coisa, quando afirma: "um dos maiores aborrecimentos do pensamento da morte é a extinção definitiva das lembranças que trazemos em nós, não das grandes lembranças, mas das mais fúteis, e que podem ser as mais preciosas". O tema da memória (o tempo) e o da salvação (o milagre) estão ligados.

22. A. Casadei, "La Rappresentazione del Tempo in Montale – Per una lettura tematica di Flussi", em *Studi Novecenteschi*, XI, n. 28, 1984, pp. 255-56.

É uma fuga milagrosa, definitiva, uma abertura para um outro mundo, uma passagem para outra dimensão. A angústia mais profunda é não ser capaz de libertar-se, não conseguir parar o círculo das estações, "ruota/delle stagioni" ("Scendendo qualche volta") ["Descendo, algumas vezes"] e furtar-se à passagem do tempo inexorável. A salvação seria a recuperação da liberdade que transcorre além do tempo, ligada ao eterno, uma abertura que leva ao infinito.

CASA SUL MARE

Il viaggio finisce qui:
nelle cure meschine che dividono
l'anima che non sa più dare un grido.
Ora i minuti sono eguali e fissi
come i giri di ruota della pompa.
Un giro: un salir d'acqua che rimbomba.
Un altro, altr'acqua, a tratti un cigolio.

Il viaggio finisce a questa spiaggia
che tentano gli assidui e lenti flussi.
Nulla disvela se non pigri fumi
la marina che tramano di conche
i soffi leni: ed è raro che appaia
nella bonaccia muta
tra l'isole dell'aria migrabonde
la Corsica dorsuta o la Capraia.

Tu chiedi se così tutto vanisce
in questa poca nebbia di memorie;

se nell'ora ch'è torpe o nel sospiro
del frangente si compie ogni destino.
Vorrei dirti che no, che ti s'appressa
l'ora che passerai di là dal tempo;
forse solo chi vuole s'infinita,
e questo tu potrai, chissà, non io.
Penso che per i più non sia salvezza,
ma taluno sovverta ogni disegno,
passi il varco, qual volle si ritrovi.
Vorrei prima di cedere segnarti
codesta via di fuga
labile come nei sommossi campi
del mare spuma o ruga.
Ti dono anche l'avara mia speranza.
A'nuovi giorni, stanco, non so crescerla:
L'offro in pegno al tuo fato, che ti scampi.

Il cammino finisce a queste prode
che rode la marea col moto alterno.
Il tuo cuore vicino che non m'ode
salpa già forse per l'eterno.

CASA SOBRE O MAR

A viagem termina aqui:
nos mesquinhos cuidados que dividem
a alma que já não sabe mais gritar.
Agora os minutos são iguais e fixos
como giros de roda de uma bomba.
Um giro: um subir d'água que ribomba.
Um outro, outra água, às vezes, um chiado.

A viagem termina nesta praia
que atentam os assíduos moles fluxos.
Nada desvela a não ser lentos fumos
a marina que tramam de conchas
os sopros doces: e é raro que surja
na bonança muda
entre as ilhas do ar migrabundas[23]
a Corsega dorsuda[24] ou a Capraia.
Tu perguntas se tudo desvanece
nessa pouca neblina de memórias;
se no entorpecer ou no suspiro
do frangente cumpre-se cada destino.
Quero dizer que não, que se aproxima
a hora que passarás além do tempo;
quem sabe só quem queira se infinita[25],
e isto conseguirás tu talvez, não eu.
Para os demais não há como salvar-se,
mas cada um subverta seu desenho,
cruze o limiar, como quis se encontre.
Queria, antes de ceder, mostrar-te
esta linha de fuga
lábil como nos revoltos campos
do mar espuma ou ruga.
Dôo-te também minha avara esperança.

23. *Migrabundas*: neologismo em português correspondendo ao italiano *migrabonde*.
24. *Dorsuda*: neologismo em português ("com dorso proeminente") correspondendo ao italiano *dorsuta*.
25. Neologismo, sinônimo de "infindar-se".

Aos novos dias, cansado, não a cresço:
dou em penhor ao teu fado, que te exima.

O caminho termina nessas orlas
que rói a maré com moto alterno.
Teu coração ao lado que não ouve
sarpa talvez em direção ao eterno.

Consideramos a vivência do tempo, no primeiro Montale, como parte de um estado de mente da adolescência, em que há a necessidade de libertar-se do que oprime, da carapaça da infância. É preciso rompê-la para entrar em um outro mundo, o mundo da mente adulta pressentido por Montale como infinito.

5

A CRIATIVIDADE VISTA PELA PSICANÁLISE

ALGUMAS CONSIDERAÇÕES HISTÓRICAS

Sigmund Freud, na *Interpretação dos Sonhos* (1900), descreve alguns mecanismos através dos quais o sonho é criado, abrindo caminho à investigação científica sobre a criatividade.

Até então, o processo criativo[1], objeto de admiração e espanto, era atribuído à loucura, ao destino, ao acaso, à providência divina. E não era estudado, por se entender desde Platão e Aristóteles, que o homem, animal racional, pensa segundo as leis da lógica e da matemática. O verdadeiro "criador" era quem manejasse perfeitamente as técnicas da dedução. O homem não pertencia à ordem natural das coisas – apenas seus processos cor-

---

1. A. Baruzzi, *Per una Psicoanalisi dell'Arte e della Creatività*, Introdução de Janine Chassegneut Smirgel, *Per una Psicanalise della Creatività e dell'Arte*, op. cit.

póreos seguiam as leis naturais – mas não sua razão e vontade. Assim, só Deus poderia criar, o homem poderia apenas descobrir.

Essa metafísica tradicional foi superada com a descoberta do inconsciente que introduziu continuidade onde havia lacuna e estabeleceu-se então ligação entre o consciente e o inconsciente, o normal e o patológico, a criança e o adulto, o homem civilizado e o primitivo, o indivíduo e a espécie, o ordinário e o extraordinário, o humano e o divino.

Freud democratizou a criatividade: o insólito passou a ser entendido como um caso especial do usual, a obra de gênio passou a ser vista como um grau diferente "daquilo que dormia ou germinava" na mente do homem comum; a criatividade não estava mais limitada ao artista; não sendo mais definida a partir de um peculiar tipo de produto artístico ela passou a ser considerada uma capacidade que potencialmente todos podem ter.

Uma vez admitida a fonte criativa do inconsciente e aceitas as condições originais de cada indivíduo, o campo de pesquisa sobre a criatividade ampliou-se. Os alunos de Freud, para citar Otto Rank e Karl Abraham, tentaram dar respostas a questões que o próprio Freud considerava irrespondíveis; o impulso criativo, o talento, o gênio, o trabalho do artista, a avaliação da obra de arte passaram a ser foco de atenção dos seguidores.

No início, os trabalhos pretendiam provar a validade das descobertas freudianas sobre o inconsciente e mostravam que os artistas expressam em suas obras conflitos infantis profundos. A compreensão analítica adquirida através dos sonhos levou à descoberta de fantasias edipianas reprimidas e à sua expressão estética mascarada na arte. Rank demonstrou que os temas da literatura universal e dos contos de fada, das brincadeiras e outros produtos da imaginação são variações de poucos e fundamentais motivos entre os quais o incesto e os derivados do complexo de Édipo. Abraham estabeleceu uma relação mais estreita entre sonho e mito. Jones, com o ensaio sobre o simbolismo (1929), escreveu uma história da arte em trinta e cinco páginas, assim afirmou Gombrich. Inúmeros foram os trabalhos sobre o processo criativo implicado na obra de arte, sua função para o artista e a relação entre o artista e o público.

Para Edmund Bergler[2], a criação literária não é expressão de desejos infantis, mas de defesas contra tais desejos, colocando as raízes do conflito na fase oral da libido.

Vários autores levados pela psicologia do Eu e pelas contribuições de Franck Hartmann sobre a neutralização e sublimação da energia, consideraram a criatividade e a

---

2. E. Bergler, *The Writer and Psychoanalysis*, New York, 1950, *apud* Janine Chassegneut Smirgel, *op. cit.*

habilidade artística como funções autônomas do Eu. E. Greenacre, ao verificar ao que se devem muitos conceitos novos sobre a criatividade, estudou o processo de sublimação nas pessoas não-dotadas e dotadas, especialmente detendo-se na infância do "criador", enfatizando que o "romance familiar" tem particular importância para o artista e se manifesta freqüentemente em sua obra.

Ernst Kris sistematizou os vários momentos do processo criativo, as fases de inspiração e de elaboração, procurando estabelecer diferenças entre a expressão artística da personalidade normal e do psicótico. Melanie Klein mostrou a tendência a reparar e recriar dentro e fora de si os objetos de amor, ameaçados de destruição na fantasia, do desenvolvimento simbólico e do sentido de realidade, colocando a origem da criatividade na posição depressiva e na culpa.

Evolução do Conceito de Criatividade

Hanna Segal, alinhada com Klein, afirmou que o desejo de criar está enraizado na posição depressiva e que a capacidade criativa depende de sua superação. Cada criação é a recriação de um objeto amado, que foi perdido e estragado num mundo interno com um *self* despedaçado. A obra de arte é, para o artista, a forma mais satisfatória de aliviar o remorso e o desespero que nascem da posição depressiva e de reconstruir seus objetos destruídos. Reconhecer e expressar as fantasias e ansiedades depressivas é um trabalho semelhante à elaboração do luto. O artista recria internamente um mundo harmônico que é projetado em sua obra de arte.

Marion Milner reconhece o significado inconsciente da atividade artística, mas acredita que a recriação seja uma função secundária da arte. A função primária é a de criar os objetos (em sentido psicanalítico): "criar o que nunca existiu, usando uma nova capacidade de percepção".

Janine Chassegneut Smirgel aponta os riscos que a psicanálise enfrenta ao aventurar-se no campo extraterapêutico, ao entrar nos problemas da forma e do estilo artísticos, da função do ato criativo, da criação "autêntica" e "não autêntica", dos mecanismos de sublimação no trabalho do analista.

A psicanálise, segundo Chassegneut Smirgel, ao voltar-se para a compreensão dos fenômenos sócio-culturais, encontra as mesmas resistências de outrora; falar das forças primitivas no artista, que agem nele como no homem comum ou neurótico, significa despi-lo de sua magia. E é intolerável para o narcisismo humano aceitar que os grandes criadores sejam regidos, como todos, por fatores infantis. Reconstruir o trabalho do inconsciente, que faz brotar da sexualidade infantil os tesouros mais preciosos do homem é tarefa que sempre fascinou tanto o analista como o artista.

Além dos obstáculos externos, a psicanálise encontra dificuldades de caráter metodológico para estudar os fenômenos culturais, artísticos e de estilo. O que constitui a originalidade do "estilo" psíquico de uma pessoa não é o complexo de Édipo, mas a elaboração desse complexo e sua integração na personalidade. O psicanalista entra em contato com o "estilo" psíquico original de uma pessoa durante o trabalho clínico e a constelação psíquica se revela do mesmo modo que o sonho revela o sonhador.

Para Chassegneut Smirgel, o problema da psicanálise da arte e da criatividade gira entorno do processo de sublimação. Não é suficiente descobrir as pulsões primárias – objeto de sublimação – para percorrer a incógnita entre as pulsões primárias e suas manifestações em nível de criação artística; existe uma atividade criativa, cuja função é a reparação do sujeito. Somente o ato criativo em que se conclui a reparação do self comporta a sublimação. Assim, é possível pensar no valor de uma obra de arte como estritamente dependente da função que a obra tenha tido para o autor. Freud assinala dois tipos de sublimação em Leonardo da Vinci: a criação artística e a investigação científica. A criação artística de Leonardo foi resultado de um longo e doloroso caminho, levando à perfeição, mas também a obras que ele considerou incompletas. A criação científica parece não ter sofrido as mesmas inibições, o que levou Janine a pensar numa hierarquia dos atos criativos. O conceito de reparação, introduzido por Klein em 1929, foi aplicado à compreensão do impulso criativo entendido como concomitante à posição depressiva. Este nasce da necessidade de reparar o objeto[3] perdido no momento em que ele é vivido em sua totalidade, quando os aspectos bons e maus do objeto são reconhecidos como um todo. Este reconhecimento põe o sujeito diante de sua ambivalência e leva-o a constatar a coexistência do "bem" e do "mal" dentro de si, dando origem ao sentimento de culpa. As idéias persecutórias não desaparecem e o indivíduo teme a retaliação (o revide) do objeto (o outro) a seus ataques. O medo e a culpa conduzem o sujeito a uma tentativa de restauração do objeto. O ato criativo, segundo Klein, constitui uma das modalidades privilegiadas da atividade reparativa.

A reparação do objeto, derivada do sentimento de culpa, é guiada em parte pelo Superego que se opõe às pulsões sádicas e destruidoras. Nessa perspectiva, o ato

---

3. *Objeto:* noção considerada em psicanálise sob três aspectos principais: a) como *correlativo da pulsão* ele é a sua meta (pessoa, objeto parcial, objeto real ou fantasiado); b) como *correlativo do amor ou ódio*, trata-se da relação da pessoa real; c) *no sentido tradicional da filosofia* e da *psicologia do conhecimento* enquanto correlativo do sujeito que percebe e conhece, é o que se oferece com características fixas e permanentes, reconhecíveis pela universalidade dos sujeitos, independentemente dos desejos e das opiniões dos indivíduos.

criativo e o ato reparativo se confundem e mais parecem formações reativas do que sublimações. Klein alude à função reparadora do ato criativo em relação ao sujeito, reparação esta intermediada pela reparação do objeto, visando extinguir a ameaça da lei do talião. É o Ego[4] que intervém no ato e não as pulsões do Id. Janine demonstra que o ato criativo pode ter origem no desejo de reparar o objeto, mas existe uma atividade criativa na qual o alvo perseguido é a reparação do próprio sujeito. As duas categorias de atos criativos se oporiam radicalmente. Somente o ato criativo cuja finalidade é a reparação do sujeito implica descargas pulsionais que configuram a sublimação.

A culpa conectada com o ato criativo deve-se à destruição do objeto no inconsciente. Não se trata de uma fusão em que sujeito e objeto formem uma unidade, mas de uma posição de alteridade: o indivíduo criativo vampiriza, se nutre do objeto. Se a criação assume no inconsciente o sentido de reparação do sujeito, é preciso que este assuma as próprias pulsões sádicas.

4. Ego ou Eu: é a instância que Freud distingue do Id e Superego e que se situa como mediador entre as reivindicações do Id e os imperativos do Superego. Superego: instância descrita por Freud que se assemelha a um juiz ou a um censor do Ego. Suas funções são de consciência moral e formação de ideais. Id: é o reservatório inicial da energia psíquica. Seus conteúdos, expressão psíquica das pulsões, são inconscientes e hereditários e inatos ou recalcados e adquiridos.

O ato criativo pode ter função reparadora ora do objeto, ora do sujeito e, neste caso, há certa superação da culpa. Janine observa que o indivíduo criativo apresenta distúrbios somáticos que chegam à despersonalização, pois seu Eu revelou-se precocemente por uma brusca separação do não-Eu. A precoce maturação do Eu parece ter sido causada por frustrações ou traumas psíquicos muito intensos, ou mal dosados, que romperam muito cedo o universo fusional primário.

A propósito, Marie Bonaparte afirma que "o inconsciente do homem sabe vingar-se dessa quebra da onipotência narcísica". O ato criativo aportaria uma importante modificação ao Eu global, desde que seu Superego não estenda muito sua proibição aos derivados sublimados das pulsões agressivas originárias.

Em seu trabalho "Inveja e Gratidão", Melanie Klein dá seu último aporte à concepção de criatividade dizendo que a relação com o seio da mãe é a fonte da vida. A manifestação criativa e o desejo de internalizar essa fonte de vida e identificar-se com ela – assegurando-se de ter integração e onipotência – é a base de toda a criatividade.

UMA VISÃO ATUAL DA CRIATIVIDADE

A psicanálise contribuiu com a crítica literária, propiciando novos meios e técnicas de investigação para a compreensão do fato artístico e da relação entre autor e obra. No campo da criação, possibilitou o conhecimento dos fatos psíquicos. Em *Ulisses* de James Joyce, o fluir das lembranças, as associações mentais que ocorrem em um dia qualquer de um homem qualquer são reconstruídas e a elas é atribuído significado pelo autor. O Surrealismo, na obra de Dalí, ao valorizar o inconsciente, abriu espaço aos componentes oníricos que têm em Freud sua referência.

A psicanálise, como toda ciência, está em contínua evolução e tem avançado na compreensão dos fenômenos ligados à simbolização, aos processos oníricos e ao pensar. Esse avanço deve-se à mudança da concepção de modelo de mente, que passou de hidrostático (Freud) a teológico (Klein) para se tornar epistemológico (Bion). O distanciamento dos modelos de mente da ciência tradicional (positivista) possibilitou o estudo da "passagem misteriosa" da experiência emocional à sua representação, que a ciência psicanalítica tem dividido com a arte, a filosofia e a literatura.

Bion estudou essa "passagem misteriosa" que vai da experiência emocional à sua representação em imagens oníricas e formulou a teoria da "função alfa" (*A Theory of Thinking*), segundo a qual, a passagem ocorre desta forma: o sujeito, ao ter uma experiência sensorial e emocional, precisa dar-lhe significado e representação para que sua mente se torne capaz de ter pensamentos e de crescer na capacidade de pensar. Para que este processo aconteça, o sujeito depende de objetos internos que o ajudem nessa função de significar e representar. No início da vida é a mãe quem exerce essa função (a mãe como um objeto não apenas de cuidados e nutrição, mas como objeto pensante). A criatura vai internalizando esse "objeto" como um modelo de pensar e a ele recorre, sempre que necessário, a cada nova experiência emocional. Assim são gerados novos pensamentos e novas "unidades simbólicas".

A vida onírica é uma atividade pensante que busca dar sentido ao que vivemos, desde que sejam oferecidas algumas condições. É o lugar onde nos recolhemos, para dar toda atenção ao mundo interno, às nossas relações íntimas e é onde as experiências emocionais são compreendidas, e os significados alcançados são representados nos sonhos noturnos, nas verbalizações, na música, na pintura e na poesia.

Para a psicanálise atual, toda função criadora considerada artística ou científica depende da criatividade dos objetos do mundo interno do indivíduo e das relações entre o *self* e seus objetos internos (ou divindades). A mente é entendida como espaços nos quais as experiências emocionais ocorrem continuamente e necessitam do reconhecimento em nível simbólico para que possam ser pensadas. Nessa perspectiva, a poesia surge de uma simbolização nesses espaços e o poeta pode estar avançando na descoberta da própria mente a cada criação poética. Os elementos precursores simbólicos originados das transformações nesses espaços do mundo interno do indivíduo são imagens principalmente visuais e auditivas. Para serem comunicadas, precisam ser representadas, e é deste processo que surgem os signos e símbolos. Há um processo de produção contínuo inconsciente, que não é interrompido pelas experiências diárias conscientes, chamado de processo onírico. De dia, manifesta-se através de flashes, imagens visuais inexplicáveis, repentinas, não relacionadas aparentemente com a conversação ou a situação do momento. São "pensamentos incipientes" que denotam uma atividade de pensar, com a finalidade de alcançar um significado da experiência emocional em curso. Em geral, somos incapazes de compreender o significado dessa linguagem. Além disso, a transformação do pensamento nascente em qualquer linguagem sofre várias distorções. Temos que levar em conta também a eterna limitação da linguagem verbal pela representação nela implicada, que Ludwig Wittgenstein denomina "o que não se pode falar, deve-se calar"[5], possível alusão à necessidade da imagem, da cena, da vivência, da linguagem pré-verbal para comunicar o todo da experiência.

5. L. Wittgenstein, *Tractatus Logico-Philosophicus*, São Paulo, Biblioteca Universitária, 1958.

Bion expandiu o conceito kleiniano de "Identificação Projetiva" ao descrever uma modalidade de comunicação, a "identificação projetiva realista". Segundo o autor, um indivíduo pode projetar no outro seus estados de ânimo, através de condutas pré-verbais (som, choros, risos, gestos, ritmos etc.) e o outro passa a senti-los, sendo este o modo pelo qual ocorre a comunicação inconsciente, pré-verbal, sem palavras. Isto nos remete aos limites da linguagem verbal. Para Montale, é impossível que a palavra possa "refletir" a experiência vivida, apesar de ele ter sido evidentemente capaz de expressar e comunicar seus estados emocionais. Pensamos que o fez não apenas pelas palavras, mas também pelas articulações que ele introduziu entre as palavras, o que resultou num texto capaz de comunicar a essência de sua experiência emocional, um texto, variante de comunicação inconsciente.

RELAÇÃO ENTRE SONHO E OBRA DE ARTE

Iremos nos ocupar agora da relação entre sonho e obra de arte. Paul Ricoeur, ao refletir sobre a semelhança e a diferença entre um sonho e uma obra de arte, afirma que as obras de arte são criações, na medida em que não são simples projeções de conflitos do artista, mas também o esboço de soluções.

No sonho, o disfarce predomina sobre a revelação, o sonho olha para trás, para o passado, para a infância. Na obra de arte prevalece a revelação como símbolo prospectivo da síntese pessoal do homem, e não apenas um sintoma regressivo de conflitos não-resolvidos.

Ella F. Sharpe destaca que o sonho é um produto psíquico típico e individual em que a intuição, o conhecimento que vem da experiência e a expressão são aspectos de um só fato. O material que compõe o conteúdo manifesto de um sonho deriva de alguma espécie de experiência do sujeito.

Da mesma forma que o jogo da criança remete a um desejo e a uma experiência, o sonho é a expressão de uma experiência pessoal (ocorrências reais passadas, estados emocionais e sensações corporais penosas e agradáveis). Neste sentido, Sharpe enfatiza que a vida onírica detém dentro de si não somente a prova de nossos impulsos instintivos e os mecanismos pelos quais esses impulsos são aproveitados ou neutralizados, como também as experiências reais através das quais nós passamos. Para o artista, a experiência esquecida parece acessível de alguma maneira, para ser utilizada em sua imaginação criadora, embora possa não haver percepção consistente dessa utilização, como é o caso do pintor inglês Turner, que repetidamente introduz uma ponte em paisagens inspiradas por regiões geograficamente distantes. Sharpe relata:

Um paciente trouxe um desenho seu para mostrar-me. Disse que ele não era inteiramente uma reprodução de uma paisagem que havia visto. A mata desenhada era decididamente uma reprodução de uma cena que ele havia desfrutado durante suas férias, "mas", acrescentou, "não havia nada dessa espécie no vale", e apontou para uma rocha grande e solitária no meio deste. "Isto", disse, "foi invenção minha. Não vi nada disso no cenário real à minha frente." Doze meses após este episódio psicanalítico, estávamos trabalhando sobre uma série de sonhos, dos quais os pormenores não são necessários para o meu propósito atual. Em cada sonho da série apareciam duas figuras femininas. A investigação do significado das mulheres no sonho resultou finalmente em dizer ele: "Naturalmente, a primeira menina que me lembro de haver encontrado foi quando eu tinha quatro anos. Tinha a mesma idade que eu. Não me lembro de nada a seu respeito, exceto não gostar dela". Depois, acrescentou: "Durante anos não pensei no lugar em que passei aquelas férias. Lembro-me agora de uma das coisas mais estranhas a seu respeito. Havia uma rocha isolada e imensa na região e, naturalmente, todos os visitantes da cidade iam vê-la".

A experiência esquecida, tida na idade de quatro anos foi, em primeiro lugar, manifestada como um impulso de colocar uma rocha no vale de seu esboço. O artista "inventou" algo. Ele não sabia, conscientemente, que havia visto aquela pedra. A análise posterior revelou que a própria rocha era recordada, enquanto que a experiência emocional que o fizera não gostar da menininha fora esquecida[6].

---

6. E. Sharpe, *Análise dos Sonhos*, Rio de Janeiro, Imago, 1971, p. 3.

Sharpe sustenta que as leis da "dicção" poética, desenvolvidas pelos críticos a partir das grandes obras poéticas, e as leis da formação onírica, descobertas por Freud, originam-se das mesmas fontes inconscientes e possuem muitos mecanismos em comum. O seu veículo de comunicação básico é o som e, unido a este, o poder de evocar a imagística.

Para esse fim, a linguagem da poesia prefere a imagem à seqüência de fatos, evita a expressão genérica e escolhe a expressão específica. É contrária ao "alongamento" e pode dispensar conectivos e pronomes onde seja possível. Substitui frases por epítetos. Um poema apela para o ouvido e para a vista, tornando-se uma "tela com animação".

Para Sharpe, os princípios e os artifícios empregados na dicção poética (metáfora, metonímia, sinédoque, símile, onomatopéia etc.) têm a mesma marca dos mecanismos oníricos: condensação, deslocamento, simbolização. Os mecanismos oníricos, ao mesmo tempo que escondem o desejo inconsciente, o manifestam.

6

ENTRE O SONHO E A POESIA: CONCEPÇÕES POÉTICAS E IMAGENS ONÍRICAS EM MONTALE

Neste capítulo vamos nos ater ao estudo de alguns poemas de Montale através dos quais pudemos começar a verificar a pertinência de nossa hipótese: a relação entre os estados de mente poético e onírico[1]. Tais estados de mente estão a serviço da elaboração de angústias ligadas à passagem do tempo, a perdas, a ausências-presenças, à individuação eu-tu ou *s e l f*-objeto, para citar as mais importantes, na poesia de Montale.

CIGOLA LA CARRUCOLA DEL POZZO

Cigola la carrucola del pozzo,
l'acqua sale alla luce e vi si fonde.

---

1. *Estado de mente onírico*: é o nome que a autora propõe para uma determinada configuração mental durante a qual o indivíduo está elaborando uma vivência emocioanl, que está sendo transformada em formas simbólicas. Tais formas são representações pricipalmente visuais, além de auditivas, tácteis, sinestésicas e que vão possibilitar o reconhecimento consciente/preconsciente da experiência emocional acontecida.

Trema un ricordo nel ricolmo secchio,
nel puro cerchio un'immagine ride.

Accosto il volto a evanescenti labbri:
si deforma il passato, si fa vecchio,
appartiene ad un altro....
                    Ah che giá stride
la ruota, ti ridona all'atro fondo,
visione, una distanza ci divide.

RILHA A ROLDANA DO POÇO

Rilha a roldana do poço,
a água sobe à luz e aí se funde.
Treme um vislumbre no transbordante balde,
no puro círculo uma imagem ri.
Encosto o rosto a evanescentes lábios:
deforma-se o passado, faz-se velho,
pertence a outrem...
                    Ah; o chiado da roda
te devolve ao negro fundo,
visão, uma distância nos separa.

Nesse poema há o movimento de separação e reencontro através de uma imagem projetada, "trema un ricordo nel ricolmo secchio" ("treme uma recordação [vislumbre] no transbordante balde"), uma imagem que ri e que por um momento é realidade a ponto de o poeta encostar "o rosto a evanescentes lábios". A partir daí, a alucinação, o louco sonho de trazer à presença o que está ausente por uma projeção de sua memória "no puro círculo uma imagem ri", se desfaz. O movimento da roldana que vai ao fundo e retorna, levando o balde vazio e trazendo-o à luz cheio, é, sem dúvida, uma configuração que o poeta usa como semelhança de um ir e vir, de presença e ausência. Sobre este movimento ele projeta a imagem de um objeto ausente que "por um momento" está na realidade externa. Em "Além do Princípio do Prazer", Freud[2] observa um menino de 18 meses que brinca de jogar um carretel de linha para baixo de um móvel exclamando *Fort!* [Fora!] e puxando-o de volta exclama *Da* [Aqui]. Freud conclui que o menino estava lidando com a ausência da mãe e, ao afastar e reaver o carretel, ele dominava a ação de separação e reencontro. Brincando desse modo, podia aguardar o retorno da mãe, evitando uma insuportável ansiedade de separação.

Não há nessa poesia de Montale o nível lúdico mencionado, mas uma momentânea alucinação ou imagem onírica – fruto do imenso desejo do reencontro do objeto, o tu. A alucinação se desfaz com o gesto de aproximação, com novo movimento da roldana ("Ah; o chiado da roda") que devolve o balde ao negro fundo, metáfora da volta ao inconsciente da imagem onírica, fruto do desejo; a consciência do poeta adverte-o de que ocor-

---

2. S. Freud, *Mas Alla del Principio del Placer*, em *Obras Completas*, Madrid, Editorial Biblioteca, 1967, vol. 2, pp. 1100-1102.

reu uma visão, pois há uma distância entre eu e tu. O lúdico e o criativo se revelam na realização desse poema, que nos parece uma criação diante da angústia de separação e da passagem do tempo.

Non Recidere, Forbice, quel Volto

Non recidere, forbice, quel volto,
solo nella memoria che si sfolla,
non far del grande suo viso in ascolto
la mia nebbia di sempre.

Un freddo cala ... Duro il colpo svetta.
E l'acacia ferita da se scrolla
il guscio di cicala
nella prima belletta di Novembre.

Não Corte, Tesoura, Aquele Vulto

Não corte, tesoura, aquele vulto,
sozinho na memória desbastada,
não faça de seu grande rosto atento
minha neblina de sempre.

Um frio invade . . . Duro o golpe poda.
E a acácia ferida sacode
a casca da cigarra
no primeiro lodo de Novembro.

Na primeira estrofe, ao olhar para um jardim que estava sendo podado, o poeta ali projeta a memória da imagem de um rosto ausente, mas que deseja presente.

A princípio, nega essa possibilidade: "Non recidere, forbice, quel volto" ["Não corte, tesoura, aquele vulto"]. Se for cortado, se perder aquele rosto, ele perderá a lucidez: "Não faça de seu grande rosto atento/minha escuridão de sempre". Vemos aqui o movimento de deslocamento do objeto, o vulto de sua memória, justaposto metaforicamente ao jardim. Da mesma forma a tesoura, metaforicamente, não corta apenas o jardim, mas a imagem onírica que está presentificando o rosto. A tesoura provavelmente representa o acordar para a realidade externa.

Na segunda estrofe, o poeta identifica "um frio que invade/[...] Duro o golpe poda" como estar diante da realidade que o deprime – "um frio invade", e que inexoravelmente mostra, através da "acácia ferida", que não segura mais a "casca da cigarra", a ação do tempo, que avança até cair no "primeiro lodo de novembro", o fim.

IL RAMARRO, SE SCOCCA

Il ramarro, se scocca
sotto la grande fersa
dalle stoppie

La vela, quando fiotta
e s'inabissa al salto
della rocca

il cannone di mezzodì
piú fioco del tuo cuore
e il cronometro se
scatta senza rumore
e poi? Luce di lampo
invano puó mutarvi in alcunché
di ricco e strano. Altro era il tuo stampo

O LAGARTO, SE ESPOUCA

O lagarto, se espouca
sob o grande queimor
dos restolhos

A vela, quando marulha
e se abisma no salto
do rochedo

O canhão de meio-dia
mais fraco que teu coração
e o cronômetro se
estala sem rumor
e depois? Luz de relâmpago
em vão pode mudar em algo
de rico e estranho. Outra era a tua estampa.

Em "Il Ramarro, se Scocca", o som das palavras e seu significado de movimentos repentinos parecem quebrar a imobilidade e o silêncio, produzindo sobressaltos de ânimo e imagens de súbitas aparições, sem aviso, testemunhando a existência de outra vida além daquela observável por um olhar qualquer. Esses versos parecem ser uma metáfora de uma criação que começou e não conseguiu chegar ao fim. O ato criativo, como súbita iluminação, produz transformações da experiência vivida em poesia. Os eventos sensoriais externos servem para falar desses movimentos na mente do poeta, mas que "invano può mutarvi in alcunché/di ricco e strano" porque "altro era il tuo stampo", outra era a tua estampa.

As palavras *scocca, fiotta, rocca, scatta*, na sua sonoridade, evocam atritos produzindo faíscas e têm o sentido de movimentos repentinos, rápidos, saltos, ereções: "il ramarro, se scocca", "La vela quando fiotta", "il cronometro se scatta senza rumore".

Movimentos súbitos atestam uma passagem do tempo percebida aos saltos. Os sons – como atritos – produzem luzes, relâmpagos, um caminho metafórico quase que inverso ao da criação poética, que citamos no Capítulo 2 ao exemplificar os poemas de Pascoli "Il Lampo" e "Il Tuono" ("O Relâmpago" e "O Trovão"), metáfora da iluminação poética e da turbulência de sua realização. Aqui a luz do Eu-transcendental, "Luce di lampo/ invano può mutarvi", a luz do relâmpago não pode produzir uma criação, algo novo, pois "altro era il tuo stampo" [outra era a tua estampa].

Due nel Crepuscolo

Fluisce tra me e te sul belvedere
un chiarore subacqueo che deforma
col profilo dei colli anche il tuo viso.
Sta in un fondo sfuggevole, reciso
da te ogni gesto tuo; entra senz'orma,
e sparisce, nel mezzo che ricolma
ogni solco e si chiude sul tuo passo:
con me tu qui, dentro quest'aria scesa a sigillare
il torpore dei massi.

    Ed io riverso
nel potere che grava attorno, cedo
al sortilegio di non riconoscere
di me più nulla fuor di me: s'io levo
appena il braccio, mi si fa diverso
l'atto, si spezza su un cristallo, ignota
e impallidita sua memoria, e il gesto
già più non m'appartiene;
se parlo, ascolto quella voce attonito,
scendere alla sua gamma più remota
o spenta all'aria che non la sostiene.

Tale nel punto che resiste all'ultima
consunzione del giorno
dura lo smarrimento; poi un soffio
risolleva le valli in un frenetico
moto e deriva dalle fronde un tinnulo
suono che si disperde
tra rapide fumate e i primi lumi
disegnano gli scali.

    ... le parole

tra noi leggere cadono. Ti guardo
in un molle riverbero. Non so
se ti conosco; so che mai diviso
fui da te come accade in questo tardo
ritorno. Pochi istanti hanno bruciato
tutto di noi: fuorché due volti, due
maschere che s'incidono, sforzate,
di un sorriso.

Dois no Crepúsculo

Flui entre mim e ti no belvedere
um respeldor subáqueo que deforma
no perfil das colinas o teu rosto.
Está num fundo fugaz, cindido
de ti cada gesto teu; entra sem rastro,
desaparece, no espaço que preenche
cada sulco e se fecha ao teu passo;
comigo, tu aqui, neste ar que desce a selar
o torpor dos rochedos.
                     E eu tombado
no poder que grava em volta, cedo
ao sortilégio de não reconhecer
de mim nada fora de mim: mal ergo
o braço, muda-se
o ato, rompe-se sobre um cristal, ignota
e pálida sua memória, e o gesto
já não me pertence;
se falo, escuto aquela voz atônito,
descer até a sua gama mais remota
ou apagada pelo ar que não a retém.

Assim, no ponto que resiste à última
consumpção do dia
dura o desgarramento; um sopro
reanima os vales num frenético
moto e retira das frondes um tinir,
som que se dispersa
por rápidos fumos e os novos lumes
desenham os cais
                ... as palavras
entre nós caem leves. Olho-te
num suave revérbero. Não sei
se te conheço; sei que nunca separado
estive de ti como neste tardio
retorno. Poucos instantes queimaram
tudo de nós: menos dois rostos, duas
máscaras que se esculpem, forçadas,
num sorriso.

"Due nel Crepuscolo" é a descrição de um encontro que leva o poeta a confrontar a imagem onírica da memória com o objeto "tu", presente e muito esperado. Ele descreve uma ruptura do estado de mente que carrega a "memória de um tu", que não se superpõe ao do encontro real. A ruptura abre uma distância deformante acompanhada de reações de despersonalização e de vazio.

[...] sei que nunca separado
estive de ti como neste tardio
retorno. Poucos instantes queimaram
tudo de nós: [...].

Tais versos parecem conter duas experiências: o reencontro, que põe fim a um sentimento de fusão, e a desorientação (*smarrimento*), diante desta nova percepção, dessa nova imagem. "Não sei / se te conheço", após te olhar, "Olho-te num suave revérbero". O encontro provocou mudança tão profunda que o objeto, transformado, provoca estranhamento e sugere um estado de momentânea despersonalização do poeta:

[...] cedo al sortilegio di non riconoscere
di me più nulla fuor di me; s'io levo
appena il braccio, mi si fa diverso
l'atto si spezza su un cristallo, ignota
e impallidita sua memoria e il gesto
giá più non m'appartiene
se parlo ascolto questa voce attonito,
scendere alla sua gamma più remota
o spenta all'aria che non la sostiene [...].

[...] cedo ao sortilégio de não reconhecer
de mim nada fora de mim: mal ergo
o braço, muda-se
o ato, rompe-se sobre um cristal, ignota
e pálida sua memória, e o gesto
já não me pertence; se falo, escuto aquela voz atônito,
descer até a sua gama mais remota
ou apagada pelo ar que não a retém [...].

Há "dois no crepúsculo", duas pessoas. Mais que isso, duas imagens: uma fugaz, do objeto guardado na memória, à espera do reencontro, mas que não se dá no nível imagético e o sujeito não se encontra com o objeto real, embora este lá esteja. Desaparece, então, a imagem onírica desejada e aparece outra de um rosto deformado no clarão "subáqueo", até que se torne, como o do poeta, máscara que força um sorriso.

Esses versos testemunham a angústia que acompanha a individuação, realidade que queima o estado de mente de fusão: eu sou eu, diferente de ti, eu me estranho e não sei se te conheço.

Através desses poucos poemas procuramos mostrar o quanto os versos de Montale sugerem estados oníricos que, com seu talento, são transformados em poemas.

O processo da criação, a maneira como se dá a criação poética, será objeto de nosso próximo estudo.

Fonte dos Poemas

OSSI DI SEPPIA (1920-1927)
    In limine
        "Godi se il Vento ch'Entra nel Pomario"
    Movimenti
        "I Limoni"
    Ossi di seppia
        "Non Chiederci la Parola che Squadri da Ogni lato"
        "Meriggiare Pallido e Assorto"
        "Portami il Girasole ch'io lo Trapianti"
        "Felicità Raggiunta, si Cammina"
        "Tentava la Vostra mano la Tastiera"
        "Cigola la Carrucola del Pozzo"
        "Valmorbia"
    Mediterraneo
        "Avrei Voluto Sentirmi Scabro ed Essenziale"
        "Potessi Almeno Costringere"
        "Dissipa Tu se lo Vuoi"
        "Scendendo Qualche Volta"
    Meriggi e ombre
        "Casa Sul Mare"
        "Incontro"

LE OCCASIONI (1928-1939)

"Il Balcone"
"Pareva Facile Giuoco"
"Bagni di Lucca"
"Verso Vienna"

MOTTETTI

"Brina sui Vetri; Uniti"
"Il Ramarro, se Scocca"
"Non Recidere, Forbice, quel Volto"

Tempi di Bellosguardo

"Derelitte Sul Poggio"

LA BUFERA E ALTRO

Intermezzo

"Due nel Crepuscolo"
"L'Orto"
"Nella Serra"
"Siria"

BIBLIOGRAFIA

OBRAS LITERÁRIAS DE EUGENIO MONTALE

MONTALE, Eugenio. *Auto da Fé*. Milão, Mondadori, 1995.
——————. *Diario Postumo*. Org. Annalisa Cima. Milão, Mondadori, 1996.
——————. "La Farfalla di Dinard" (1956). In: *Prose e Racconti*, Milão, Mondadori, 1995.
——————. *Le Occasioni*. Org. Dante Isella. Turim, Einaudi, 1996.
——————. *Prose e Racconti*. Milão, Mondadori, 1990.
——————. *Tutte Le Poesie*. Milão, Mondadori, 1990.
——————. *Montale – Il Secondo Mestiere – Arte Musica Società*. Milão, Mondadori, 1996.
——————. *Il Secondo Mestiere*. Milão, Mondadori, 1996, 2 vols.

OBRAS SOBRE EUGENIO MONTALE

ASSUNTO, Rosário. "Per una teoria della poesia di Montale". In: RAMAT, Silvio (org.). *Omaggio a Montale*. Milão, Mondadori, 1966.

BLASUCCI, Luigi. "Montale, Govoni e l'Oggetto Povero". *La Rassegna della Letteratura Italiana*, jan./ago. 1990 (cópia xerox).

CASADEI, Alberto. "La Rappresentazione del Tempo in Montale – Per una Lettura Tematica di Flussi". *Studi Novecenteschi*, XI, n°28, 1984 (cópia xerox).
CAVALLINI, Giorgio. *Montale Lettore di Dante*. Bolonha, Bulzoni, 1996.
GRECO, Lorenzo. *Montale commenta Montale*. Parma, Pratiche Editrice, 1980.
MARTELLI, Mario. *Eugenio Montale*. Firenze, Le Monnier, 1992.
MEYNAUD, Maryse. "Oggetti e Archetipi nella Poesia di Eugenio Montale – Dagli Ossi di Seppia a La Bufera". In: CAMPAILLA, Sergio & GOFFIS, Cesare. *La Poesia di Eugenio Montale*. Florença, Le Monnier, 1984.
NASCIMBENE, Giulio. *Montale – Biografia di un Poeta*. Milão, Longanesi, 1986.
_____. *Testimonianza per Eugenio Montale*. Antologia Viesseux, Florença, set./dez. 1996.
ZAMPA, Giorgio. *Tutte le Poesie*. Milão, Mondadori, 1976.

BIBLIOGRAFIA COMPLEMENTAR

BION, Wilfred. "A Theory of Thinking". *Second Thoughts*. Londres, Medical Books, 1967.
BONAPARTE, Marie. *Edgar Allan Poe – Sa Vie, son Oeuvre – Etude Analytique*. Paris, PUF, 1958.
BOSI, Alfredo. *Reflexões sobre Arte*. São Paulo, Ática, 1989.
CHASSEGNEUT SMIRGEL, Janine. *Pour une Psicanalyse de la Creativitè e de l'Art*. Raffaello Rimini, Cortina, 1989.
CROCE, Benedetto. *Aesthetica in Nuce*. Bari, Laterza & Figli, 1952.
ELIOT, T.S., *The Saned Word London*. 3. ed. New York, Barnes & Hoble, 1966.
FREUD, Sigmund. *Mas Alla del Principio del Placer. Obras Completas*. Madrid, Editorial Biblioteca, 1967, vol. 1.

GIOANOLA, Enio. *La Critica Psicoanalitica. Studi di Filologia e Letteratura Offerti a Franco Croce.* Genova, Bulzoni Ed. s/d.

GÓES, Lúcia Pimentel. *Olhar de Descoberta.* São Paulo, Edições Mercuryo, 1996.

ISELLA, Dante. *Le Occasioni di Eugenio Montale.* Turim, Einaudi, 1996.

KLEIN, Melanie. *Contribuição à Psicanálise.* São Paulo, Mestrejou, 1970.

———. *Invidia e Gratitudine.* Florença, Martinelli, 1969.

KRIS, Ernst. *Freud e la Psicologia dell'Arte.* Turim, Einaudi, 1967.

———. *Ricerche Psicanalitiche sull'Arte.* Turim, Einaudi, 1967.

LANGER, Susanne. *Filosofia em Nova Chave.* São Paulo, Perspectiva, 1989.

LAPLANCHE, Jean e PONTALIS, Jean-Bertrand. *Vocabulário da Psicanálise.* São Paulo, Martin Fontes, 1997.

LAVAGETTO, Mario. *Freud – La Letteratura ed Altro.* Turim, Einaudi, 1985.

MELTZER, Donald. *Vida Onírica.* Madrid, Tecnopublicaciones, 1984.

MONTALE, Eugenio. *Immagini di una Vita.* Org. Franco Contorbia. Milão, Mondadori, 1996.

MOURON, Charles. *Dalle Metafore Ossessive al Mito Personale (Introduzione alla Psicocritica).* Milão, Il Saggiatore, 1966.

PASCOLI, Giovanni. *Poesie.* Milão, Mondadori, 1974, 3 vols.

PIMENTA, Alberto. *O Silêncio dos Poetas.* Lisboa, A Regra do Jogo, 1978.

RENZI, Lorenzo. *Come Leggere la Poesia.* Bolonha, Il Mulino, 1991.

SALIBRA, Elena. "Voce e mito nell'estetica pascoliana". *Rivista Pascoliana*, n.6, Patron Ed., 1994.

SALIBRA, Elena. Entrevista. Pisa, junho 1999.

SANGUINETI, Eduardo. *Tra Liberty e Crepuscolarismo*. Milão, Mursia, 1963.
SHARPE, Ella F. *Análise dos Sonhos*. São Paulo, Imago, 1971.
VILLORESI, Marco. *Come Leggere Ossi di Seppia di Eugenio Montale*. Milão, Mursia, 1997.
WITTGENSTEIN, Ludwig. *Tractatus Logico-Philosophicus*. São Paulo, Biblioteca Universitária, 1958.

Sobre a Autora

Marisa Pelella Meléga nasceu em Nápoles, Itália, onde viveu até os 12 anos. Com seus pais emigrou para o Brasil residindo em São Paulo onde fez sua formação médica na USP. Especializou-se em Psicanálise na Sociedade Brasileira de Psicanálise de São Paulo onde exerce até hoje funções didáticas. Em 1995 pôde atender um antigo sonho, o de especializar-se em Língua e Literatura Italiana e escolheu como tema o mesmo que vem estudando na Psicanalise: "Criatividade e Desenvolvimento da Mente Simbólica". É autora de inúmeros artigos, capítulos de livro e livro em Psicanálise que exerce em tempo pleno.

Com este livro a autora acredita estar unindo um pouco da cultura italiana à brasileira, ela que se sente enriquecida pelas duas cidadanias.

Título	*Eugênio Montale: Criatividade Poética e Psicanalise*
Autora	Marisa Pelella Mélega
Capa	Ricardo Assis
Revisão	Ateliê Editorial
Editoração Eletrônica	Mônica Santos
Formato	14 x 18 cm
Tipologia	AGaramond
Papel	Pólen Soft 85 g/m^2 (miolo) Cartão Supremo 250 g/m^2 (capa)
Impressão e Acabamento	Lis Gráfica
Número de Páginas	146
Tiragem	1500